Sagesse de Marins
au jour le jour

Philip Plisson

Sagesse de marins

au jour le jour

Éditions
de La Martinière

1ER JANVIER

Encore! encore la mer qui revient me chercher
comme une barque,
La mer encore qui retourne vers moi à la marée
de syzygie et qui me lève.

Paul Claudel
La muse qui est la grâce, *Cinq Grandes Odes*,
1904-1910

2 JANVIER

J'ai passé des nuits entières
Debout au gaillard d'avant.
Sous bon vent sous vent contraire
Sous la brise et les brisants.
Sous bon vent souvent contraire
Guerre guerre, vent devant.

Chant traditionnel breton

3 JANVIER

L'air avait la douceur
du toucher d'une framboise mûre,
la mer sur les grèves était plate
comme un galet d'ardoise
et le flux finissant montait
par saccades tranquilles,
avec un bruit de succion.

Henri Queffélec
Tempête sur Douarnenez, 1951

4 JANVIER

Que des souffles de l'air, de tous le plus léger,
Que le doux Iapyx, redoublant son haleine,
D'une brise embaumée enfle la voile pleine
Et pousse le navire au rivage étranger.

José Maria de Heredia
Pour le vaisseau de Virgile,
Les Trophées, 1893

5 JANVIER

On parla des passions.
Ah ! qu'elles sont funestes !
disait Zadig. –
Ce sont les vents qui enflent
les voiles du navire,
repartit l'ermite :
elles le submergent quelquefois ;
mais sans elles
il ne pourrait voguer.

Voltaire
Zadig ou la Destinée, 1748

6 JANVIER

N'accuse point la mer
à ton second naufrage.

Publius Syrus
Sentences, Ier siècle avant J.-C.

7 JANVIER

Adoncques descendit au havre,
contemplant cependant que
les chormes des naufs faisaient aiguade.

Rabelais
Le Quart Livre, 1552

8 JANVIER

Le coquillage, lorsqu'il a vu la main de l'homme,
se ferme et couvre ses trésors,
sachant bien que c'est pour eux qu'on le recherche ;
s'il saisit la main, il la coupe avec son tranchant.

Pline l'Ancien
Histoire naturelle, Ier siècle

9 JANVIER

Quand les mouettes ont pied,
il est temps de virer.

Dicton breton

10 JANVIER

Les voiliers, c'est l'espérance,
C'est l'écume, la liberté,
Et c'est la tempête aussi.

Nâzim Hikmet
Guerre d'indépendance, s.d.

11 JANVIER

Les houles, en roulant les images des cieux,
Mêlaient d'une façon solennelle et mystique
Les tout-puissants accords de leur riche musique
Aux couleurs du couchant reflété par mes yeux.

Charles Baudelaire
La Vie antérieure, *Les Fleurs du mal*, 1840-1957

12 JANVIER

Il s'amasse plus de nacre
sur les faubourgs de Troie
qu'au fond des mers.
De toute maison
de pêcheur, de tout arbre sort
le murmure des coquillages.

Jean Giraudoux
La guerre de Troie n'aura pas lieu, 1935

13 JANVIER

Le pêcheur
Ô vague, ô mer, patrie
des insurgés, voici ton peuple
qui ne cédera jamais.
La grande lame de fond,
nourrie dans l'amertume
des eaux, emportera
vos cités horribles.

Albert Camus
L'État de siège, 1948

14 JANVIER

Qu'elle est belle mon île au sein de l'Atlantique
Comme un vaisseau,
Cette île de Guerveur, la perle d'Armorique
Reine de l'eau.

Père Le Gallen, XVIIIe siècle

15 JANVIER

L'odeur d'un coquillage putréfié
suffit pour accuser
toute la mer.

Jules Renard
Journal, 9 août 1887

16 JANVIER

La mer opposa son courroux
à ma téméraire jeunesse,
et lança contre mon visage,
pendant que je nageais,
des flots qui l'inondèrent.

Ovide
Épître XVIII, *Les Héroïdes*,
vers -23 avant J.-C.

17 JANVIER

Le plus fort des nœuds,
C'est un amarrage
Fait sans épissoir goudron ni filin
Ce nœud-là s'appelle courage
C'est Dieu qui le fit au cœur du marin.

Louis Lacroix
Les Derniers Grands Voiliers.
Histoire des long-courriers nantais de 1893 à 1931, 1937

18 JANVIER

L'amiral Larima
Larima quoi
la rime à rien
l'amiral Larima
l'amiral Rien.

Jacques Prévert
L'Amiral, *Paroles*, 1946

19 JANVIER

Si les Bermudes
sans encombres tu passes,
Prends garde au cap Hatteras.

Richard Henry Dana,
Deux années sur le gaillard d'avant,
1840.

20 JANVIER

Là, l'écume s'efforce
à se faire visible ;
Et là, titubera
sur la barque sensible
À chaque épaule d'onde,
un pêcheur éternel.

Paul Valéry
La Jeune Parque, 1917

21 JANVIER

Il est des portes sur la mer que l'on ouvre avec des mots.

Rafael Alberti
Sobre los angeles, 1929

U, cycles, vibrements divins des mers virides.

Arthur Rimbaud
Voyelles, *Poésies,* 1891

23 JANVIER

Il vend les gentils animaux de la mer,
les éponges, les vers, les coquillages,
les barnacles, les vivantes,
les mouvantes fleurs marines,
unibranches ou multibranches,
les oursins hérissés d'aiguilles,
les crabes, les demi-crabes,
les petits dragons,
les crevettes sautantes – si transparentes,
qu'à peine elles ont une ombre.

John Steinbeck
Rue de la Sardine, 1945

24 JANVIER

Il y a des navigateurs que la mer
éloigne du genre humain.
Solitaires, hauturiers, en partance
pour des voyages au long cours,
l'amarre sitôt larguée, ils semblent
vouloir oublier leurs semblables.

Jean-Christophe Rufin
L'Aventurier de la mer Rouge.
Henry de Monfreid, autoportrait
en images, 1912-1930
Mémoires de la mer, 2005

25 JANVIER

Si l'on regarde de près
Chaque marin tour à tour
On voit d'année en année
Que chacun de ces visages,
Mieux que s'ils étaient de pierre
Ne vieillit pas d'un seul jour.

Jules Supervielle
Équipages, *Gravitations*, 1925

26 JANVIER

Naviguer, naviguer, c'était son unique pensée.
À peine avait-il touché terre dans quelque port, après de longs mois de mer,
que l'impatience le poussait à repartir.

Dino Buzzati
Le K, 1966

182-05

27 JANVIER

Les respirations de la mer sont des minutes d'éternité.

Margherita Guidacci
Italie poétique contemporaine, 1968

28 JANVIER

Ciel rouge le matin, avertit le marin.

Dicton

29 JANVIER

La mer qui a terrorisé
et qui terrorise toujours l'homme
et la preuve en est qu'aujourd'hui encore,
elle inspire le respect aux marins
qui m'ont dit un jour ce mot admirable :
« La mer permet tout pourvu
qu'on la respecte. »

Alain Bombard
Au-delà de l'horizon, 1980

30 JANVIER

Sera réputé bord et rivage de la mer tout ce qu'elle couvre et découvre pendant les nouvelles et pleines lunes et jusques où le grand flot de mars se peut étendre sur les grèves.

Ordonnance de Colbert, 1681

31 JANVIER

Les audacieux qui osent s'aventurer aux confins du monde sont-ils voués à la malédiction ?
Les marins fascinés par la mer ne trouvent-ils plus à terre aucun repos ?

Jean-Michel Barrault
Magellan : la terre est ronde, 1997

1er FÉVRIER

Rien, ni les vieux jardins reflétés par les yeux
Ne retiendra ce cœur qui dans la mer se trempe
Ô nuits ! ni la clarté déserte de ma lampe
Sur le vide papier que la blancheur défend
Et ni la jeune femme allaitant son enfant.
Je partirai ! Steamer balançant ta mâture,
Lève l'ancre pour une exotique nature !

Stéphane Mallarmé
Brise marine, *Poésies*, 1865

2 FÉVRIER

Tu veux ma mort, poisson, pensa le vieux. C'est ton droit.
Camarade, j'ai jamais rien vu de plus grand, ni de plus noble,
ni de plus calme, ni de plus beau que toi.
Allez, vas-y, tue-moi. Ça m'est égal lequel de nous deux tue l'autre.
Qu'est-ce que je raconte ? pensa-t-il. Voilà que je déraille.
Faut garder la tête froide. Garde la tête froide et endure ton mal
comme un homme. Ou comme un poisson.

Ernest Hemingway
Le Vieil Homme et la Mer, 1952

3 FÉVRIER

La mer est hantée des rêves des marins.

Maurice Kerdrue
Joliff et Magadur, hommes de mer, 1943

4 FÉVRIER

Y a du tangage, y a du roulis
Y a des coups d'chien, y a d'la tempête
Mais comme on n'est pas des mauviettes
De tous les métiers c'est le plus joli.

Chanson de marin

5 FÉVRIER

Cette solitude de la mer est terrible ; en deux heures on est las d'esprit, sans autre lucidité que des sensations lancinantes ; toute l'âme est chair.

Remy de Gourmont
Lettres à Sixtine, 1887

6 FÉVRIER

Pour moi, la navigation de plaisance
doit être, avant tout, excentrique ;
une chose défendue aux bourgeois
de la mer : sortir quand ils sont forcés
de rentrer, chasser dans l'ouragan
qui les chasse et battre la lame qui les bat.

Tristan Corbière
L'Américaine, *Poèmes en prose,* 1873

7 FÉVRIER

Hommes de mer!
Ô rudes marins,
Brunis par le soleil des quatre mondes!
Enfants couvés par la tempête
Dans le berceau de ces mers profondes!

Castro Alves
Navire négrier, 1880

8 FÉVRIER

Le seigneur est le bateau,
les gens ordinaires l'eau :
l'eau porte le bateau
ou le fait chavirer.

Proverbe chinois

9 FÉVRIER

Hale dessus, casse pas les tolets
Nous irons voir les filles
Filez focs et brasse au vent
Change derrière et change devant.

Chanson de marin terre-neuvas

10 FÉVRIER

Et puis le navire apparaît.
Et puis le navire est blanc.
Il entre dans le port.
Tonne son salut.

Giacomo Puccini
Madame Butterfly, 1924

Sir Henry monta sur le pont ; il venait de comprendre la solennité de cette minute où le marin se détache du monde, où il oublie tout, emporté par ce navire que la mer vient de reprendre.

Henry de Monfreid
Sir Henry Middleton, 1941

Vers le lieu où l'Atlantique se déchaîne, plus loin que les détroits d'Occident, et, invaincu,
vogue jusqu'à l'endroit où viennent les Ibères à la peau sombre, trafiquants timides descendus
des falaises lumineuses à travers des voiles d'écume. Là, sur la grève, il dénoue les cordages de ses ballots.

Matthew Arnold

13 FÉVRIER

Morne ville, jadis reine des Océans !
Aujourd'hui le requin poursuit en paix les scombres
Et le nuage errant allonge seul des ombres
Sur ta rade où roulaient des galions géants.

José Maria de Heredia
À une ville morte, *Les Trophées*, 1893

14 FÉVRIER

Pour la Saint-Valentin,
tous les vents sont marins.

Dicton

Des petits bateaux montraient un étrange et gros et noir nuage-griffe dans le ciel et priaient.

Sam Sheppard
Lune faucon, 1985

J'ai envoyé mes navires lutter contre les hommes, non contre les tempêtes.

Philippe II, après la destruction de l'*Invincible Armada*, 1588

17 FÉVRIER

Il faut se lever le matin pour voir
le jour monter à l'horizon de la banquise,
à l'heure où le soleil des latitudes australes
étale au loin des chemins sur la mer.

Julien Gracq
Liberté grande, 1946

18 FÉVRIER

Ô que ma quille éclate !
Ô que j'aille à la mer !

Arthur Rimbaud
Le Bateau ivre, *Poésies*, 1891

19 FÉVRIER

Dans les fjords de la Terre de Feu
Aux confins du monde
Vous pêchiez des mousses
protozoaires en dérive entre deux Eaux
à la lueur de poissons électriques
Vous collectionniez
des aérolithes de peroxyde de fer.

Blaise Cendrars
Le Panama ou les Aventures
de mes sept oncles, 1918

20 FÉVRIER

La solitude sans borne,
l'immensité sans échos où l'océan
sans horizon se confond avec le ciel.
Le navigateur se sent prisonnier
dans un monde endormi,
indifférent et implacable.

Henry de Monfreid
Sir Henry Middleton, 1941

21 FÉVRIER

Aussi vous voudrais-je bien prier,
quand je parle de la mer –
vous qui n'en savez autre chose
que par les livres, ou qui pis est,
en avez seulement ouï parler à ceux
qui n'en revinrent jamais – de ne point
vouloir l'emporter ni vendre,
comme on dit, vos coquilles
à ceux qui ont été à Saint-Michel.

Jean de Léry
Histoire d'un voyage fait en la terre du Brésil, 1578

22 FÉVRIER

Je naquis au bord d'une mer
dont la couleur passe
En douceur le saphir oriental.

Jean Moréas
Le Pèlerin passionné, 1897

GOEM

23 FÉVRIER

Pour ceux, qui par centaines, ont injurié la mer,
depuis Shakespeare dans le vers :
Plus cruel que la faim, que l'angoisse ou la mer ;
jusqu'au dernier et plus obscur des loups de mer
de la vieille école, disposant de peu de mots et de
moins de pensées encore, on ne pourrait trouver,
je crois, un seul marin qui ait jamais accouplé
une malédiction avec le bon ou le mauvais
nom d'un navire.

Joseph Conrad
Le Miroir de la mer, 1906

24 FÉVRIER

Déjà la cendre tombait sur les vaisseaux, d'autant plus chaude et plus épaisse qu'on approchait davantage ; déjà même arrivaient des pierres ponces et des pierres noires, calcinées et brisées par le feu ; déjà le fond de la mer s'était subitement élevé et la montagne écroulée barrait le passage.

Pline le Jeune
Lettres à Tacite, Ier siècle

25 FÉVRIER

Et vous aussi, marins, qui partez sur la mer
Avec un simple chant, la nuit, sous les étoiles,
Quand se gonflent, aux vents atlantiques, les voiles
Et que vibrent les mâts et les cordages clairs.

Émile Verhaeren
L'Effort, *La Multiple Splendeur*, 1906

26 FÉVRIER

Cependant sur le dos de la plaine liquide
S'élève à gros bouillons une montagne humide ;
L'onde approche, se brise, et vomit à nos yeux,
Parmi des flots d'écume, un monstre furieux.

Racine
Phèdre, 1677

27 FEVRIER

Des bateaux sont venus de nos ports apporter
les fruits mûrs de plages ignorées.

André Gide
Les Nourritures terrestres, 1897

AMEEN

28 FÉVRIER

Jetez-moi dans la mer, et la mer s'apaisera pour vous. Car je sais que c'est moi qui attire sur vous cette grande tempête.

Jonas, I, 12, Ancien Testament

IER MARS

Vaisseaux,
nous vous aurons aimés en pure perte ;
Le dernier de vous tous est parti sur la mer.
Le couchant emporta tant de voiles ouvertes
Que ce port et mon cœur sont à jamais déserts.

Jean de La Ville de Mirmont
L'Horizon chimérique, 1920 (posthume)

2 MARS

L'Océan m'a parlé d'une voix fraternelle,
Car la même clameur que pousse encor la mer
Monte de l'homme aux Dieux, vainement éternelle.

José Maria de Heredia
Mer montante, *Les Trophées,* 1893

STER CO.
NELLIE-STAMFORD CT

3 MARS

La mer ! Il semble que ce mot
en lui-même ait quelque chose
d'immense, avec je ne sais quelle
tranquillité de néant.

Jules Michelet
La Mer, 1861

4 MARS

Chaque îlot signalé par l'homme de vigie
Est un Eldorado promis par le Destin ;
L'Imagination qui dresse son orgie
Ne trouve qu'un récif aux clartés
du matin.

Charles Baudelaire
Le Voyage, *Les Fleurs du mal,* 1840-1857

34.13.D.2396
BLIS

5 MARS

Il se voyait sauver des passagers
de navires qui sombraient,
abattre des mâts dans un ouragan,
franchir un mascaret à la nage avec un filin ;
ou encore, naufragé solitaire, à moitié nu
et sans chaussures, marcher sur les récifs
découverts par la marée, à la recherche
de coquillages pour ne pas mourir de faim.

Joseph Conrad
Lord Jim, 1900

6 MARS

Les marins bretons
avaient remarqué qu'en mer
le soleil ne se trouvait pas
au zénith à la même heure que
lorsqu'ils étaient à terre. D'où la
première notion de la longitude.
Et pour mesurer cette longitude,
ils se servaient d'une horloge!
une horloge à sable, un énorme
sablier qui durait quatre heures.
Quatre heures,
le temps d'un quart...

Alain Bombard
Au-delà de l'horizon, 1980

7 MARS

L'eau que tu bois a connu la mer.

Eugène Guillevic
Du domaine, 1977

8 MARS

Vent de noroît et belle putain
Ne se lèvent jamais matin.

Dicton

30666

D3

9 MARS

Un jour je vis, debout au bord des flots mouvants
Passer, gonflant ses voiles,
Un rapide navire enveloppé de vents,
De vagues et d'étoiles.

Victor Hugo
Aurore, *Les Contemplations*, 1856

10 MARS

Sur la mer balayée par le froid polaire,
à cent milles de toute côte,
les bateaux tournent sans fin
comme des chevaux de cirque
sous le fouet des vents.

Anita Conti
Racleurs d'océans, 1952

11 MARS

Navires et chaloupes,
Pareils à des hérons
Couchés en rond,

Dorment sur l'eau qui fume
Et croisent dans la brume
En légers tourbillons
Leurs pavillons.

Alfred de Musset
Venise, *Premières poésies*, 1852

12 MARS

C'est à la Vierge Marie, « Maris Stella »,
Étoile de la Mer, que les marins d'Occident
recommandent leurs cargaisons
et, plus encore, leurs corps et leurs âmes.

Fernand Braudel
La Méditerranée, 1985

13 MARS

Je continue sans escale vers les îles du Pacifique,
parce que je suis heureux en mer, et peut-être aussi pour sauver mon âme.

Jean-Michel Barrault
Moitessier, le philosophe de la mer. La longue route de Joshua, 1968-1969
Mémoires de la mer, 2005

14 MARS

Lest de l'âme, pesant bagage,
Trésors misérables et chers,
Sombrez, et dans votre naufrage
Je vais vous suivre au fond des mers.

Théophile Gautier
Tristesse en mer, *Émaux et Camées*, 1852

15 MARS

Beaucoup d'écume très blanche : déferlement des vagues
et traînées blanches à la surface de l'eau orientées dans le sens du vent.
Sous la crête blanche, l'eau est verte et transparente, puis progressivement
elle devient bleue, non pas du bleu profond des mers chaudes,
mais d'un bleu vert, celui des mers froides.

Éric Tabarly
Pen Duick VI, 1974

16 MARS

Mon âme plonge dans l'eau
avec le cormoran.

Onitsura

17 MARS

Deux mers entourent
de leurs flots un isthme qu'elles assiègent.
Un étroit défilé entend leurs doubles
mugissements.

Ovide
Épître IV, *Les Héroïdes*, vers -23 avant J.-C.

18 MARS

Révérence à ton dire, Pilote. Ceci n'est point pour l'œil de chair,
Ni pour l'œil blanc cilié de rouge que l'on peint au plat-bord des vaisseaux.

Saint-John Perse
Amers, 1957

19 MARS

La lune ressemblait à un ballon
que des enfants maintiendraient en l'air
avec des bâtons. Les mâts de dizaines
de bateaux se dressaient sous elle,
prêts à l'empêcher de tomber.

Michael Connely
Créances de sang, 1998

20 MARS

L'homme est en mer.
Depuis l'enfance matelot,
Il livre au hasard sombre
une rude bataille.
Pluie ou bourrasque,
il faut qu'il sorte, il faut qu'il aille,
Car les petits enfants ont faim.

Victor Hugo
Les Pauvres Gens (II),
La Légende des siècles, 1859-1863

21 MARS

Poète et marin
Versez-moi du vin
Versez! Versez! Je divulgue
Le secret des algues.

Max Jacob
Passé et Présent,
Le Laboratoire central, 1921

Les petites vagues frileuses l'une après l'autre se baignent au bord de la mer jouant aux osselets.

Jean Cocteau
Le Cap de Bonne-Espérance, 1919

23 MARS

C'était tout et rien, c'était cette petite île au milieu d'un océan immense...

Georges Simenon
Long cours, 1936

24 MARS

Le printemps exige un regain d'activité [...].
À basse mer, les carènes sont brossées, grattées,
débarrassées des anatifes, des balanes
et des algues [...]. Les nefs sont radoubées,
les gréements révisés, les filins usés remplacés
par des cordages neufs, les déchirures des voiles
aveuglées par des pièces.

Jean-Michel Barrault
Magellan : la terre est ronde, 1997

25 MARS

Il y a dans la mer,
dans ses 10 000 mètres de fond
et ses 40 000 kilomètres de tour,
plus d'étrange, de capricieux,
d'insolite et de fugitif qu'on ne
peut le mesurer, le décrire
ou le capturer ; [...]
il y a dans les sept mers plus
de puissant et de caché à la fois
que tout ce qu'on a pu, peut,
pourra y cataloguer.

Jean-François Deniau
La mer est ronde, 1975

26 MARS

Tout beau, Muse, tout beau,
d'un si profond Neptune
Ne sonde point le fond.

Guillaume de Salustre,
seigneur du Bartas
La semaine, 1579

27 MARS

« Pourquoi être si craintifs, hommes de peu de foi ? »
Alors il se dressa, commanda aux vents et à la mer, et il se fit un grand calme.
Saisis d'admiration, ces gens se disaient :
« Quel est donc celui-là, que les vents et la mer obéissent ! »

Évangile selon saint Matthieu, VIII, 6, Nouveau Testament

28 MARS

On ne rapporte pas toujours des perles de la mer : un beau jour il arrive qu'on y laisse la vie.

Abü Shakour
Poème persan, Xe siècle

Une légère houle balança l'Océan et nous arrivâmes dans le golfe de Guinée, sur des fonds bathymétriques de cinq mille mètres, dans des horizons parfaits que rien ne troubla...

Marguerite Duras
Le Marin de Gibraltar, 1952

30 MARS

La Mer, immense et verte comme une aube
à l'orient des hommes,
La Mer en fête sur ses marches
comme une ode de pierre :
vigile et fête à nos frontières,
murmure et fête à hauteur d'hommes
– la Mer elle-même notre veille,
comme une promulgation divine…

Saint-John Perse
Invocation, *Amers*, 1957

31 MARS

La mer est une sorte de dragon
de légende, qu'on poursuit
inlassablement avec au cœur
la crainte permanente
de le rencontrer ;
la mer est un monstre marin,
Snark ou Moby Dick, peuplé
d'autres monstres marins,
Moby Dick ou Snark.

Jean-François Deniau
La mer est ronde, 1975

1er AVRIL

Océan : masse d'eau occupant
à peu près les deux tiers
d'un monde destiné à l'homme
– lequel est dépourvu de
branchies.

Ambrose Bierce
Dictionnaire du diable, 1911

2 AVRIL

Mais, seule sur la proue, invoquant les étoiles,
Le vent impétueux qui soufflait dans les voiles
L'enveloppe. Étonnée, et loin des matelots,
Elle crie, elle tombe, elle est au sein des flots.
Elle est au sein des flots, la jeune Tarentine.
Son beau corps a roulé sous la vague marine.

André Chénier
La Jeune Tarentine, *Les Bucoliques*, 1819

LES ZEBRES

3 AVRIL

Je ne puis plus, baigné de vos langueurs, ô lames,
Enlever leur sillage aux porteurs de cotons,
Ni traverser l'orgueil des drapeaux et des flammes,
Ni nager sous les yeux horribles des pontons.

Arthur Rimbaud
Le Bateau ivre, *Poésies*, 1891

4 AVRIL

L'aurore boréale palpite. Le bateau roule, roule et roule encore sous les formidables coups, accablé de glace, renâclant à s'enlever sur les lames. On se sent engourdi d'un insidieux désir de silence, de repos, de néant.

Pierre Schoendoerffer
Le Crabe-Tambour, 1976

5 AVRIL

Et sous mes pieds, la mer, jusqu'au couchant pourpré,
Céruléenne ou rose ou violette ou perse
Ou blanche de moutons que le reflux disperse,
Verdoie à l'infini comme un immense pré.

José Maria de Heredia
Floridum Mare, *Les Trophées*, 1893

6 AVRIL

La mer, qu'on apercevait de la fenêtre et dont les flots montants, devenus plus verts à l'approche du soir, emplissaient démesurément ce petit havre, creusé par la nature, qu'on appelle le port de Carteret.

Jules Barbey d'Aurevilly
Une vieille maîtresse, 1851

FAIRWIND
FOWEY

HARBOR MASTER
-TIDES-
EBB AND
FLOW
SUPPORT
Boat Rentals

7 AVRIL

Quilles, voiles et mâts, roues de gouvernail, cordages,
Cheminées des steamers, hélices, hunes,
flammes claquant aux vents
Drosses, écoutilles, chaudières, collecteurs, soupapes,
Dégringolez en moi en vrac, en tas,
En désordre, comme un tiroir renversé sur le sol!

Fernando Pessoa
Ode maritime, 1915

8 AVRIL

Les femmes de la mer, des paniers de poissons
Irisés sur la tête,
Exposent au soleil bruyant de la saison
La sous-marine fête.

Jules Supervielle
L'Escale portugaise, *Débarcadères*, 1922

7.000
TL.

Brig "Unicorn"
DEC 16
1988
ST LUCIA

9 AVRIL

Ce fut un Vaisseau d'or, dont les flancs diaphanes
Révélant des trésors que les marins profanes,
Dégoût, Haine et Névrose, entre eux ont disputé
Que reste-t-il de lui dans la tempête brève ?
Qu'est devenu mon cœur, navire déserté ?
Hélas ! il a sombré dans l'abîme du rêve ?

Émile Nelligan
Le Vaisseau d'or, *Poésies complètes*, 1952 (posthume)

Mer : N'a pas de fond. Image de l'infini. Donne de grandes pensées.
Au bord de la mer il faut toujours avoir une longue-vue.
Quand on la contemple, toujours dire : « Que d'eau ! Que d'eau ! »

Gustave Flaubert
Dictionnaire des idées reçues, 1911 (posthume)

REBELOTE
CH

11 AVRIL

C'est l'ancre de la dernière chance.
On la jette à la mer au fort de la tempête,
lorsque toutes les chaînes d'ancrage
du navire se trouvent rompues
par la colère des flots.

Francis Lacassin
Introduction à *L'Ancre de miséricorde*
de Pierre Mac Orlan, 2000

12 AVRIL

Les âmes sont des navires dont
Dieu est le capitaine. Il leur faut
de l'intrépidité pour courir
les aventures qu'il leur propose.

Léo-Paul Desrosiers
L'Ampoule d'or, 1951

J'aime la mer et j'aime être en mer. J'aime partir, larguer l'amarre et passer les feux ; j'aime naviguer, voir le vent tourner, la brise adonner, le ciel changer, la mer se former et se déformer ; j'aime le bouillon chaud dans le thermos au pied du barreur et l'étoile qu'on prend, un temps, pour cap la nuit entre hauban et galhauban…

Jean-François Deniau
La mer est ronde, 1975

14 AVRIL

L'amour qu'inspirent les navires diffère profondément de celui que les hommes ressentent pour toute autre œuvre de leurs mains – l'amour qu'ils portent à leurs demeures, par exemple – en ce qu'il n'est pas entaché par l'orgueil de la possession.

Joseph Conrad
Le Miroir de la mer, 1906

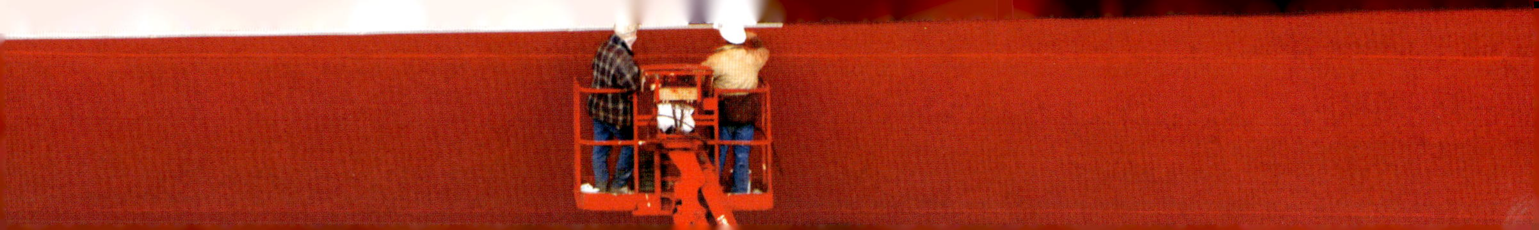

L338H
BAIA DA FETEIRA

15 AVRIL

Un Portugais a pris la mer
[…] pour faire un enfant aux vagues
femelle au goût salé aux larges hanches.

Natália Correia
Cantique du pays émergé, s.d.

16 AVRIL

Ce soir-là, le temps était beau et mon bateau ne fatiguait pas.
Sous le ciel constellé et dans le calme de la légère brise,
j'entendais la mer ruisseler doucement sur les grèves où,
de temps à autre, se déroulait la frange verdâtre des phosphorescences.

Henry de Monfreid
Le Récif maudit, 1961

17 AVRIL

Grande mer, toujours labourée, toujours vierge,
ma religion avec la nuit !

Albert Camus
La Mer au plus près, 1953

18 AVRIL

Les bâbordais aimables
Figures d'escargots
Vous seriez bien aimables
De monter là-haut
Le capitaine vous invite
À monter au plus vite
Car nous sommes fatigués
À force de bourlinguer.

Chanson pour la relève des quarts

19 AVRIL

Je me dis qu'il est plus rentable
de passer quelques mauvaises
minutes plutôt que de s'embêter
pendant quarante ans
de navigation avec des ceintures.

Éric Tabarly
Pen Duick VI, 1974

20 AVRIL

Grand délice que celui de noyer son regard
dans l'immensité du ciel et de la mer !
Solitude, silence, incomparable chasteté de l'azur !

Charles Baudelaire
Le *Confiteor* de l'artiste,
Le Spleen de Paris, 1869

21 AVRIL

Pour que le sang joyeux
dompte l'esprit morose,
Il faut, tout parfumé du sel des goëmonds,
Que le souffle atlantique
emplisse tes poumons ;
Arvor t'offre ses caps
que la mer blanche arrose.

José Maria de Heredia
Bretagne, *Les Trophées*, 1893

22 AVRIL

Je rêve d'un soir rouge d'or,
Et d'un lougre hindou
qui s'endort :
– Siffle la brise… eh toi ! créole.

Paul-Jean Toulet
Sur le canal Saint-Martin glisse,
Les Contrerimes, 1921

23 AVRIL

Si les vaisseaux sillonnent un moment les ondes,
la vague vient effacer aussitôt
cette légère marque de servitude,
et la mer reparaît telle qu'elle fut
au premier jour de la création.

Madame de Staël
Corinne ou l'Italie, 1807

24 AVRIL

Aussitôt, des profondeurs du navire, le bruit sourd des machines monta
en vibrations amorties comme une énorme armée qui se mettrait sans cesse
en marche. Il aimait aussi ce bruit des grands paquebots, jour et nuit,
et la sensation de marcher sur un volcan, pendant que tout autour
la mer immense offrait ses étendues libres au regard.

Albert Camus
Le Premier Homme, 1994 (posthume)

25 AVRIL

Et puis c'était mon premier bateau et rien au cours de ma vie ne m'a donné la joie totale de ce premier voyage où je me sentais maître après Dieu et libre de toutes les contraintes de notre monde trop vieux.

Henry de Monfreid
Le Récif maudit, 1961

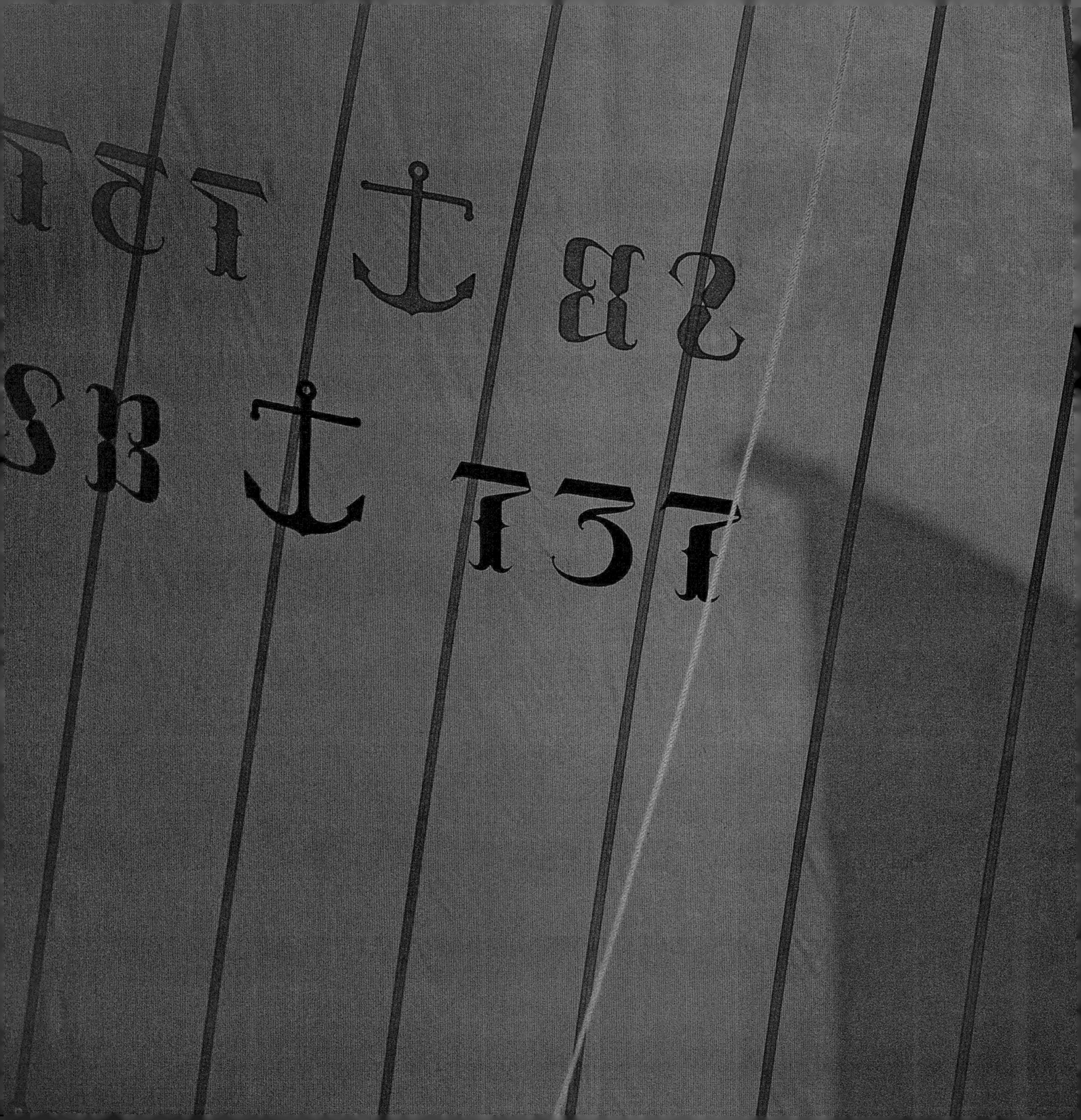
SB 137

26 AVRIL

Nous sommes là tous deux comme devant la mer
sous l'avance saline des souvenirs.

Jules Supervielle
Débarcadères, 1920

27 AVRIL

Quand le bateau est au milieu du fleuve,
il est bien tard pour réparer l'avarie.

Proverbe chinois

28 AVRIL

Les taches innombrables du plancton se dissolvaient dans l'éclat du soleil à son zénith ; le vieux ne voyait plus que les irisations profondes sous l'eau violette et ses lignes qui descendaient tout droit dans la mer. Il y avait mille mètres de fond.

Ernest Hemingway
Le Vieil homme et la Mer, 1952

29 AVRIL

Nul conseil n'est plus loyal que celui qui se donne sur un navire en péril.

Léonard de Vinci
Prophéties, XVIe siècle

30 AVRIL

Les Marins... ? Ah ! C'est autre chose.
C'est le grand vent qui les mène.
C'est le soleil qui les baigne.
Ils vont poussés, par les brises au gré de leur fantaisie et sans efforts constants.
Ils vont du Nord au Sud, de l'Atlantique au Pacifique.
Leur sport, c'est la lutte contre le vent et la mer qu'ils ont asservis
et la mer les porte et les berce.

Maurice Kerdrue
Joliff et Magadur, hommes de mer, 1943

1er MAI

Chagrin On pêche
À la ligne Le vent d'automne
Remue le fil

Yosa Buson, 1784

2 MAI

Dans l'honnêteté mordante
du sel, la mer révèle ses secrets
à ceux qui savent écouter.

Sandra Benitez
Et la mer se souvient, 1996

3 MAI

Ligne sévère de la lointaine côte –
Quand la nef se rapproche la falaise se dresse
De tous ses arbres là même où le Lointain n'avait que du néant ;
La terre, de plus près, en sons et couleurs se déploie :
Enfin, quand on débarque, il y a des oiseaux, des fleurs,
Là où de loin n'était rien que l'abstraite ligne.

Fernando Pessoa
Horizon, *Message,* 1934

4 MAI

Quinze matelots sur le coffre de l'Homme mort...
Oh hisse ! Et une bouteille de rhum !
Ils buvaient et le diable avait fait le reste...
Oh hisse ! Et une bouteille de rhum !

Chanson de marin

5 MAI

La mort a toujours quelque chose
de solennel, mais nulle part
autant qu'en mer.

Richard Henry Dana
Deux années sur le gaillard d'avant, 1840

6 MAI

Quels limbes sur la mer,
quel oubli, quelle respiration dormante,
quelle atmosphère de tables tournantes,
il y a des fantômes de tous les côtés
le grand être blanc d'Arthur Gordon Pym
vous attire.

Paul Nizan
Aden Arabie, 1931

7 MAI

Celui qui pille avec un petit vaisseau se nomme pirate ;
celui qui pille avec un grand navire s'appelle conquérant.

Proverbe grec

8 MAI

Chaque soir espérant des lendemains épiques,
L'azur phosphorescent de la mer des Tropiques
Enchantait leur sommeil d'un mirage doré [...].

José Maria de Heredia
Les Conquérants, *Les Trophées*, 1893

9 MAI

Quand la mer est tranquille,
chaque bateau a un bon capitaine.

Proverbe suédois

IO MAI

Il n'y a guère de demi-mesures
en océan… on flotte, ou bien
on ne flotte pas ! C'est tout.

Anita Conti
Racleurs d'océans, 1952

11 MAI

Debout, Priape d'ouragan,
En vain le lèche
La lame de rut écumant…
– il tient sa mèche.
Il se mate et rit de sa rage,
Bandant à bloc ;
Fier bout de chandelle sauvage
Plantée au roc !

Tristan Corbière
Le Phare, *Les Amours jaunes*, 1873

12 MAI

Pendant que les aventuriers sont en mer, ils vivent dans une grande amitié les uns avec les autres, et ils s'appellent tous Frères de la Côte.

Alexandre-Olivier Exquemelin
Histoire des aventuriers flibustiers, 1686

യശുരാജ

13 MAI

Mes sensations sont un bateau à la quille retournée,
Mon imagination une ancre à moitié immergée,
Mon anxiété une rame brisée,
Le réseau de mes nerfs un filet qui sèche sur la plage !

Fernando Pessoa
Ode maritime, 1915

Quand le navire doit sombrer, les rats sont les premiers à le quitter.

Fedor Dostoïevski
Les Démons, 1870

15 MAI

Mais ne suis-je pas plutôt à l'Océan semblable
Qui, toujours florissant,
Laisse le vol du temps passer, et sur le sable
Écume en gémissant ?

Jean Moréas
Stances, XIII, 1899-1900

16 MAI

Vieil océan, aux vagues de cristal,
tu ressembles proportionnellement
à ces marques azurées que l'on voit sur
le dos meurtri des mousses ; tu es un
immense bleu, appliqué sur le corps
de la terre : j'aime cette comparaison.

Lautréamont
Les Chants de Maldoror, 1868

17 MAI

L'air marin brûlera mes poumons ;
les climats perdus me tanneront.

Arthur Rimbaud
Mauvais sang, *Une saison en enfer*, 1873

18 MAI

Quand elle fond
La glace avec l'eau
Se raccommode.

Teitoku, XVIIe siècle

VA 307135

19 MAI

Car la brume est variée comme la mer, et la baie est le domaine des prestiges,
le lieu de ses plus déconcertantes métamorphoses. Tantôt c'est le sable, la tangue, l'herbu
qui transpirent comme des bêtes et qui fument.

Roger Vercel
Sous le pied de l'archange, 1937

Il faut être « de chez nous » pour comprendre ce que ces deux mots « à bord » signifient pour un marin. Le bord, c'est la maison, c'est le village. À bord, à la corne, flotte le pavillon, c'est la Patrie absente que l'on pare de toutes les beautés, de toutes les qualités et c'est ce sentiment indéfinissable qui, à l'étranger, nous groupe tous comme une famille.

Maurice Kerdrue,
Joliff et Magadur, hommes de mer, 1943

À minuit, par un clair de lune coupant comme un rasoir, je détachais l'amarre de la galère funèbre, – et voguais.

Julien Gracq
Liberté grande, 1946

22 MAI

Homme libre, toujours tu chériras la mer !
La mer est ton miroir ; tu contemples ton âme
Dans le déroulement infini de sa lame,
Et ton esprit n'est pas un gouffre moins amer.

Charles Baudelaire
L'Homme et la Mer, *Les Fleurs du mal*, 1840-1857

23 MAI

Là est le port qu'il faut à mon navire ; nulle anse ne convient mieux à ma poupe.

Ovide
Épître XVIII, *Les Héroïdes*, vers -23 avant J.-C.

J'aime la mer comme mon âme.

Heinrich Heine
Norderney. Images de voyage, 1827

25 MAI

Soir d'automne
la marée emporte
Les restes d'un grand poisson.

Saito Sanki, XXe siècle

26 MAI

Et la mer s'apaisait, comme une urne écumante
Qui s'abaisse au moment où le foyer pâlit,
Et, retirant du bord sa vague encore fumante,
Comme pour s'endormir rentrait dans son grand lit.

Alphonse de Lamartine
L'Occident, *Harmonies poétiques et religieuses,* 1830

Sur la mer, personne ne vous prend en tutelle.
C'est le dernier espace au monde où vous êtes responsable.

Paul Guimard
Extrait d'un entretien avec Jacques Jaubert, avril 1976

La pêche est un mot pudique, car les pêcheurs ne sont pas des producteurs, ce sont des chasseurs.

Laurent Girault-Conti
Anita Conti. L'œil de la mer. Une femme à bord des chalutiers. 1920-1960
Mémoires de la mer, 2005

29 MAI

Les mailles du filet sont dissoutes et le filet lui-même a disparu.

Paul Claudel
Chant de la Saint-Louis, IV, *Corona benignitatis anni Dei*, 1915

30 MAI

La mer, en grande artiste, tue
pour tuer, et rejette aux rochers
ses débris, avec dédain.

Jules Renard
Journal, 22 juillet 1887

31 MAI

Une petite vallée s'ouvrait à proximité
de la crique avec ses longues herbes,
ses oursins mauves et bruns et de petites
algues blanches ressemblant à des fleurs
d'azalées. Un filet de sable menait
à un bleu lointain.

Jacques-Yves Cousteau
et Frédéric Dumas,
Le Monde du silence, 1954

1er JUIN

L'eau était épaisse comme une pâte agitée de soubresauts, et des corps argentés bondissaient dans la nuit, scintillaient un instant comme des pièces de monnaie, et replongeaient dans l'informe remous.

Lawrence Durrell
Mountolive, 1958

2 JUIN

Chanson des capitaines jeunes et vieux,
des seconds, des marins intrépides
Chanson des meilleurs, des élus, des taciturnes,
que nulle part la mort ni le destin
ne peuvent surprendre,
Très délicatement choisis par toi sans bruit,
vieil océan,
Qui sait distinguer et cueillir à son heure
la race comme unir les nations,
allaités à ton sein, vieille nourrice à voix rauque,
eux t'incarnant,
À ton image indomptés, indomptables.

Walt Whitman
Chanson pour tous les océans et tous les navires
du globe, *Feuilles d'herbe,* 1855

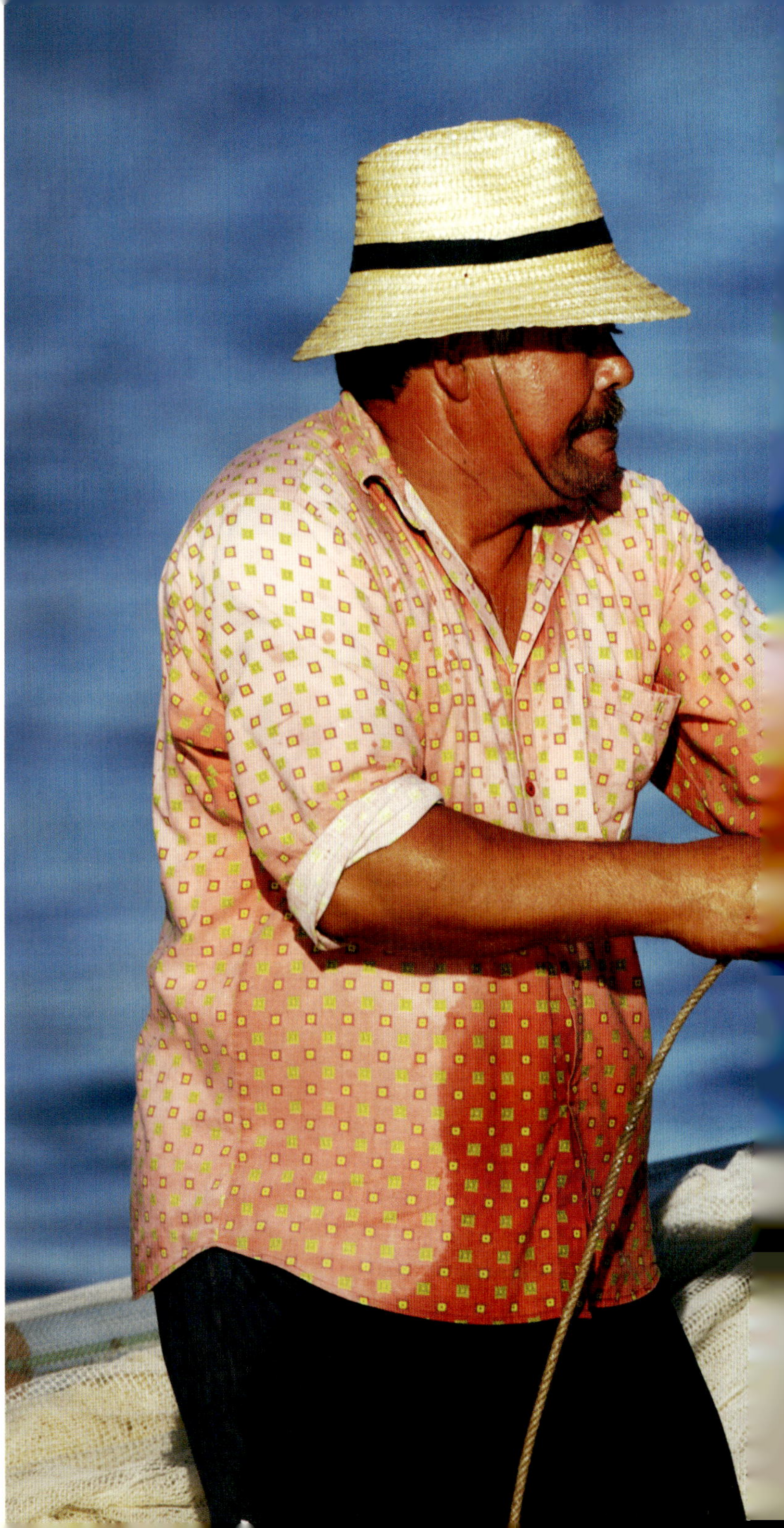

3 JUIN

Parmi les augures les plus mauvais pour
la suite d'une traversée, le matelot met
en première ligne la mort en mer,
et singulièrement celle du chat à bord !
À ses yeux, cet événement annonce
une catastrophe inévitable.

Louis Garnerey
Le Négrier de Zanzibar, début du XIXe siècle

4 JUIN

Ici, nous sommes tout petits,
nous sommes les prisonniers de l'espace.

Anita Conti
Racleurs d'océans, 1952

5 JUIN

Le mont Saint-Michel, qui surgit comme
un miracle des sables mouvants.

Maurice Barrès
La Colline inspirée, 1913

6 JUIN

Démons et merveilles
Vents et marées
Au loin déjà la mer s'est retirée
Et toi
Comme une algue doucement caressée par le ve
Dans les sables du lit tu remues en rêvant
Démons et merveilles
Vents et marées
Au loin déjà la mer s'est retirée
Mais dans tes yeux entrouverts
Deux petites vagues sont restées
Démons et merveilles
Vents et marées
Deux petites vagues pour me noyer.

Jacques Prévert
Sables mouvants, *Paroles*, 1946

7 JUIN

Il ne se soucie de la harpe,
ni de la distribution des présents,
Ni en sa femme il n'a de joie,
ni dans le monde d'espérance
Ni en rien d'autre, si ce n'est dans
le tumulte des vagues,
Car toujours il éprouve le désir,
celui qui aspire à la mer.

Le Marin, début du VIIIe siècle

8 JUIN

Le soleil sous la mer, mystérieuse aurore,
Éclaire la forêt des coraux abyssins
Qui mêle, aux profondeurs de ses tièdes bassins,
La bête épanouie et la vivante flore.

Et tout ce que le sel ou l'iode colore,
Mousse, algue chevelue, anémones, oursins,
Couvre de pourpre sombre, en somptueux dessins,
Le fond vermiculé du pâle madrépore.

José Maria de Heredia
Le Récif de corail, *Les Trophées*, 1893

9 JUIN

Quand tu vas balayant l'air de ta jupe large,
Tu fais l'effet d'un beau vaisseau qui prend le large,
Chargé de toile, et va roulant
Suivant un rythme doux, et paresseux, et lent.

Charles Baudelaire
Le Beau Navire, *Les Fleurs du mal*, 1840-1857

10 JUIN

Le monde est cette mer, où pour me divertir,
Dans un calme incertain, j'écoute retentir
Les accents enchanteurs des perfides sirènes.

Jean Ogier de Gombauld
Je vogue sur la mer, *Sonnets chrétiens*, 1624

11 JUIN

Il y a trois sortes d'hommes :
les Vivants, les Morts
et Ceux qui vont sur la Mer.

Platon
Critias, 500 avant J.-C.

12 JUIN

Lorsque sur cette mer on vogue à pleines voiles,
Qu'on croit avoir pour soi les vents et les étoiles,
Il est bien malaisé de régler ses désirs ;
Le plus sage s'endort sur la foi des Zéphyrs.

Jean de La Fontaine
Élégie aux nymphes de Vaux, pour M. Fouquet, 1662

13 JUIN

Quand il y a sept timoniers sur huit marins, le navire sombre.

Proverbe chinois

14 JUIN

Les eaux plus calmes de ses précédentes traversées lui avaient donné la fausse impression qu'elle était profonde mais mesurée, qu'elle vous portait vers votre but sur la courbe infinie de ses vagues de verre, et que les tempêtes qui parfois l'agitaient avaient la poésie de celles de Conrad.

Timothy Findley
Guerres, 1977

15 JUIN

Je ne peux voir partir un navire, vaisseau de guerre, bâtiment de commerce ou simple chaloupe de pêche, sans que tout mon être ne s'embarque à son bord ! Je pense que j'étais fait pour être marin, et si cette carrière n'a pas été la mienne depuis mon enfance, je le regrette chaque jour.

Jules Verne
Le Rayon vert, 1882

LA LOUISIANE

16 JUIN

Alors le capitaine Nemo
grandissait démesurément
dans ce milieu étrange.
Son type s'accentuait et prenait
des proportions surhumaines.
Ce n'était plus mon semblable,
c'était l'homme des eaux,
le génie des mers.

Jules Verne
Vingt mille lieues sous les mers, 1870

17 JUIN

La mer est aussi profonde dans
le calme que dans la tempête.

John Donne
L'Anagramme, *Poèmes*, XVIIe siècle

18 JUIN

Tout au bout de l'horizon clignote l'œil
d'une balise solitaire.
Un paquet d'embruns étincelants s'élève de l'étrave,
aussitôt gelé, rabattu avec un crépitement
de chevrotine sur la tôle… Moi aussi,
je me colle contre la vitre, émerveillé.

Pierre Schoendoerffer
Le Crabe-Tambour, 1976

IMO 8806163
SOFIA
PIK'S

88

19 JUIN

Qu'elle était belle, ma frégate,
Lorsqu'elle voguait dans le vent !
Elle avait, au soleil levant,
Toutes les couleurs de l'agate ;
Ses voiles luisaient le matin
Comme des ballons de satin ;
Sa quille mince, longue et plate,
Portait deux bandes d'écarlate
Sur vingt-quatre canons cachés ;
Ses mâts, en arrière penchés,
Paraissaient à demi couchés.
Dix fois plus vive qu'un pirate,
En cent jours du Havre à Surate
Elle nous emporta souvent.
Qu'elle était belle, ma frégate,
Lorsqu'elle voguait dans le vent.

Alfred de Vigny
La Frégate la *Sérieuse* ou La Plainte du capitaine,
Poèmes antiques et modernes, 1822

20 JUIN

Bien choisir le vaisseau,
le pilote, les matelots, la saison,
le jour, le vent, voilà tout ce qui
dépend de moi. Dès que je suis
en pleine mer, il survient une
grosse tempête ; ce n'est plus là
mon affaire, c'est l'affaire
du pilote.

Épictète
Entretiens, Ier-IIe siècles

21 JUIN

La mer est sans routes,
La mer est sans explications.

Alessandro Baricco
Océan mer, 1999

22 JUIN

Mon cœur, comme un oiseau, voltigeait tout joyeux
Et planait librement à l'entour des cordages ;
Le navire roulait sous un ciel sans nuages,
Comme un ange enivré du soleil radieux.

Charles Baudelaire
Un voyage à Cythère, *Les Fleurs du mal*, 1840-1857

Les beaux navires à voiles auront vécu et les grands oiseaux des Caps seront seuls à se poser sur les lames géantes des parages sauvages et désolés des mers australes, sans trouver les détritus habituels que leur abandonnaient les navires qu'ils suivaient à la trace, des journées entières.

Louis Lacroix
Les Derniers Grands Voiliers. Histoire des long-courriers nantais de 1893 à 1931, 1937

24 JUIN

Tu es une arche où je suis maître à bord
la mer est tiède
l'amour est chaud
la mort est froide
lacrymale douceur sur ton visage exsangue
les larmes de la mer meurent sur le rivage
et froide est ma solitude.

Serge Patient
Maîtresse solitude, 1971

25 JUIN

Or voici qu'un autre jour,
où le vent ne soufflait même pas
et où le ciel prolongeait la mer,
à la proue d'un autre voilier
veillait un autre marin
qui, étant triste, chantait,
qui, étant triste, chantait.

José Régio

26 JUIN

Je suis de ceux qui plongent
dans la houle, prêts à prendre
de redoutables risques, pour attraper
une étoile ou un soleil de mer,
les regarder sur leur socle tous les soirs
avant de pénétrer dans le mystère
du sommeil, sentir la joie d'être vivant.

Francisco Coloane
Aux fils de l'écume, 1999

27 JUIN

À mesure que les mers s'abaissaient et découvraient les pointes les plus élevées des continents, ces sommets, comme autant de soupiraux qu'on viendrait de déboucher, commencèrent à laisser s'exhaler les nouveaux feux produits dans l'intérieur de la terre par l'effervescence des matières qui servent d'aliment aux volcans.

Georges Louis Leclerc, comte de Buffon
Histoire naturelle, 1749-1789

La mer est une religion, la mer est une vocation :
l'empreinte... malheur à celui de nous qui tente de lui échapper.

Maurice Kerdrue
Joliff et Magadur, hommes de mer, 1943

29 JUIN

Debout dans sa conque nacrée,
Elle vogue sur le bleu clair,
Comme une Aphrodite éthérée,
Faite de l'écume de l'air.

Théophile Gautier
La Nue, *Émaux et Camées*, 1852

30 JUIN

La mer, qui ne marche point, est la source
de mythologie comme l'océan, qui se lève deux fois
le jour, est l'abîme, auquel a dit Jéhovah :
« Tu n'iras pas plus loin. »

François-René de Chateaubriand
Mémoires d'outre-tombe, 1833

1er JUILLET

Bien loin dans la mer, l'eau est bleue
comme les feuilles des bluets, pure
comme le verre le plus transparent, mais
si profonde qu'il serait inutile d'y jeter
l'ancre, et qu'il faudrait y entasser
une quantité infinie de tours d'église
les unes sur les autres pour mesurer
la distance du fond à la surface.

Hans Christian Andersen
La Petite Sirène, *Contes*, 1835

2 JUILLET

Qu'y a-t-il de plus violent que la mer,
les vents, les tourbillons et les tempêtes ?
Et où les hommes ont-ils travaillé avec
plus d'industrie à la seconder que sur
les flots, avec leurs voiles et leurs rames ?

Pline l'Ancien
Histoire naturelle, Ier siècle

3 JUILLET

Quand un grave marin voit que le vent l'emporte
Et que les mâts brisés pendent tous sur le pont,
Que dans son grand duel la mer est la plus forte
Et que par les calculs l'esprit en vain répond ;
Que le courant l'écrase et le roule en sa course,
Qu'il est sans gouvernail et, partant, sans ressource,
Il se croise les bras dans un calme profond.

Alfred de Vigny
La Bouteille à la mer, *Les Destinées*, 1864

4 JUILLET

Et aussitôt mes yeux tâchaient à peindre
un monde balancé entre les eaux
brillantes, connaissaient
le mât lisse des fûts, la hune sous les feuilles,
et les guis et
Les vergues, les haubans de liane,
où trop longues, les fleurs
s'achevaient en des cris de perruches.

Saint-John Perse
Pour fêter une enfance (I), *Éloges*, 1911

5 JUILLET

Le mécontentement
et l'insatisfaction de son équipage
peuvent mener un navire
à sa perte aussi sûrement que
des termites rongeant le bois
de sa coque.

Celia Rees
Mémoires d'une pirate, 2003

6 JUILLET

Elle est douce la terre,
aux vœux des naufragés, dont
Poseïdon en mer, sous l'assaut
de la vague et du vent, a brisé
le solide navire : ils sont là,
quelques-uns qui, nageant vers
la terre, émergent de l'écume ;
tout leur corps est plaqué de
salure marine : bonheur !

Homère
L'Odyssée, IXe-VIIIe siècles avant J.-C.

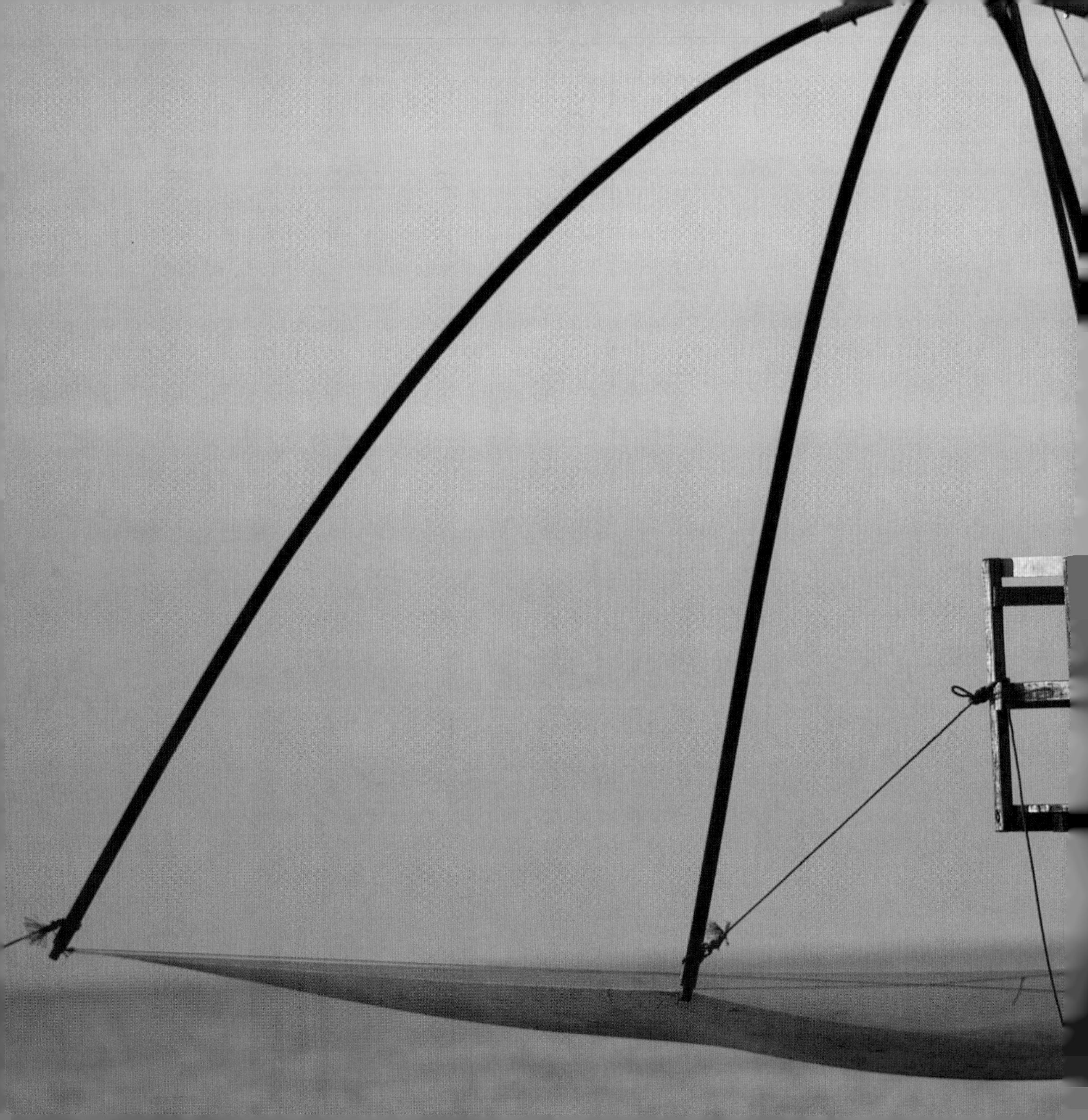

7 JUILLET

De l'autre rive à celle-ci
Il n'est guère de distance.
Si tu m'aimes un peu, jeune femme,
Tu peux passer d'un bord à l'autre.

Chanson de batelier cambodgien

8 JUILLET

Parmi les équipages,
qu'ils soient corsaires ou flibustiers,
on trouve nombre de Noirs.
Esclaves en fuite, ce sont de hardis
marins qui n'ont rien à perdre ;
les pirates conservent souvent à leur
service les esclaves qu'ils trouvent
sur leurs prises.

Alexandre-Olivier Exquemelin
Histoire des aventuriers flibustiers, 1686

9 JUILLET

Adieu marins,
naïfs adorateurs du vent.

Jean Cocteau
L'Adieu aux fusiliers marins,
Discours du grand sommeil, 1920

10 JUILLET

Pourquoi m'avoir livré l'autre jour ô ma mère
À ces hommes méchants qu'on nomme matelots
Qui toujours aux enfants parlent avec colère
Et se plaisent à voir leurs cris et leurs sanglots
Toi mère, tu rendais la douleur moins pénible
La vie était plus douce à celui qui pâlit
Si ces hommes sont mauvais la mer est bien terrible
Ma mère qu'as-tu fait de ton pauvre petit ?

La Plainte du mousse
Chant du Boulonnais, 1860-1870

252743

11 JUILLET

S'oublier soi-même, faire abstraction de tout sentiment personnel dans le service de ce bel art, est la seule façon dont un marin puisse remplir la tâche qu'on lui a confiée.

Joseph Conrad,
Le Miroir de la mer, 1906

12 JUILLET

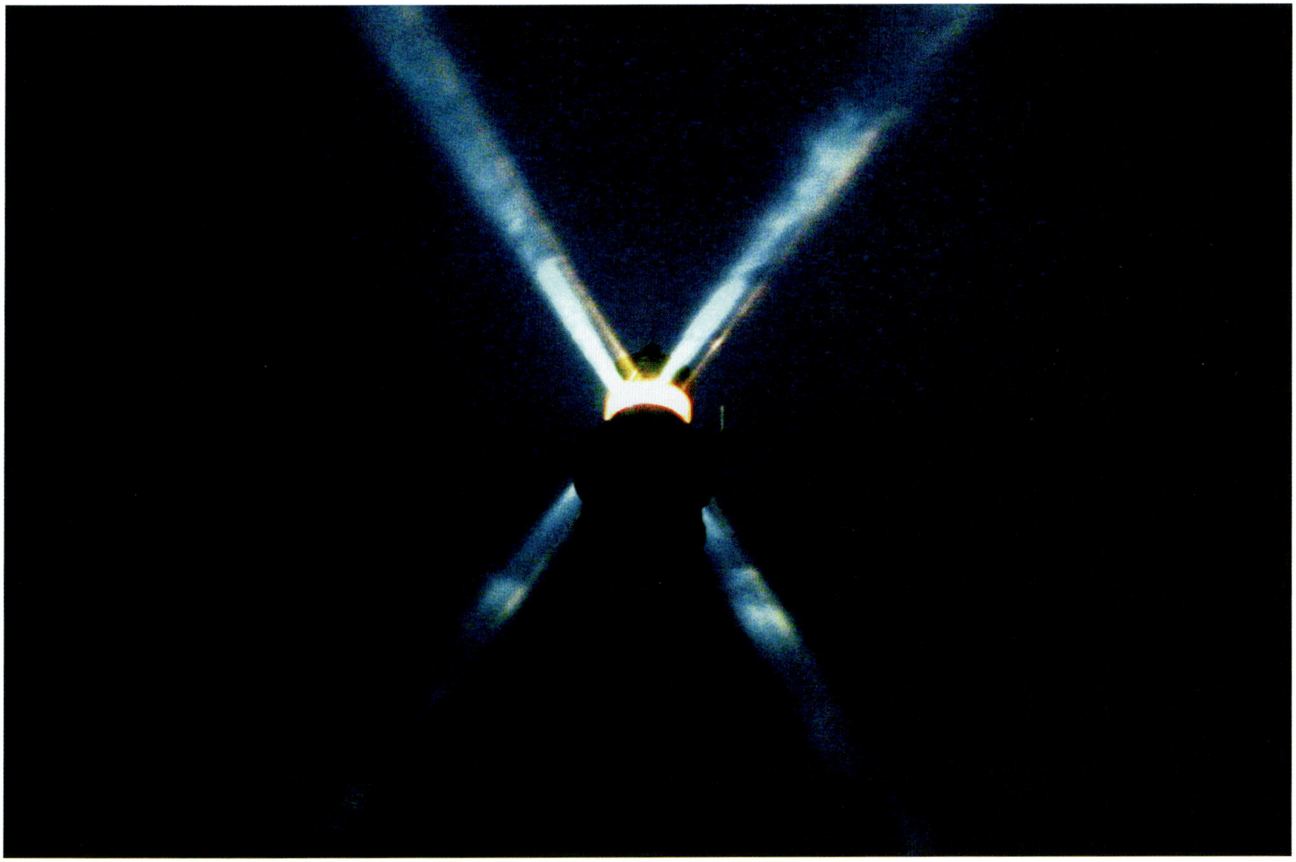

Je ne sais pourquoi
Mon esprit amer
D'une aile inquiète et folle vole sur la mer.

Paul Verlaine
Je ne sais pourquoi, *Sagesse*, 1880

13 JUILLET

Naturellement j'ai été baptisé
C'est mon onzième baptême de la ligne
Je m'étais habillé en femme et l'on a bien rigolé
Puis on a bu.

Blaise Cendrars
Le Passage de la ligne, *Feuilles de route*, 1924

14 JUILLET

Le spectacle de la mer fait toujours une impression profonde :
elle est l'image de cet infini qui attire sans cesse la pensée, et dans lequel sans cesse elle va se perdre.

Madame de Staël
Corinne ou l'Italie, 1807

15 JUILLET

Cette force de la mer on ne la connaît pas bien,
on commence seulement à la connaître. Jusqu'ici
les formes et les proportions des navires étaient
calculées pour que l'homme puisse déjouer cette force,
ne pas lui donner prise. Mais là, voici que la mer
trouve enfin des proies à sa mesure.

Marguerite Duras
L'Été 80, 1980

16 JUILLET

Marins qui rêvez en haute mer,
les coudes appuyés sur la lisse,
craignez de penser longtemps
dans le noir de la nuit
à un visage aimé.

Jules Supervielle
L'Enfant de la haute mer, 1931

17 JUILLET

Cette mer, si lumineuse
et profonde, combien j'aime
la sentir, là tout près, entendre
sa palpitation immense !...
Car elle est la route libre pour
s'en aller partout, la route où l'on
voit au loin et où l'on respire,
pour moi la route familière et
de tout temps connue.

Pierre Loti
L'Inde sans les Anglais, 1903

18 JUILLET

On voit sur la mer des chasse-marées ;
Le naufrage guette un mât frissonnant ;
Le vent dit : demain ! l'eau dit : maintenant !
Les voix qu'on entend sont désespérées.

Victor Hugo
L'Art d'être grand-père, 1877

19 JUILLET

Voile au vent, voil' sous l'vent,
autant dire voil' partout,
Comm' si j'en accouchions
par l'œil, par tous les bouts.

Tristan Corbière
La Balancelle, *Poèmes divers*, 1867

20 JUILLET

Que ce navire aille donc accomplir
sa destinée : porter des hommes
vers les hommes.

Charles de Gaulle
Discours de lancement du *France*,
11 mai 1960

21 JUILLET

Le navire avait glissé soudain sur l'eau calme du lagon, qui était bleu pâle, avec des stries vertes, des reflets rouges et dorés, de l'eau qui n'était plus de l'eau mais un domaine aussi irréel que celui d'une symphonie.

Georges Simenon
Long cours, 1936

22 JUILLET

Comme s'il passait,
dans sa grandeur et sa puissance,
les communes vertus, l'océan
n'a ni compassion, ni foi, ni loi,
ni mémoire.

Joseph Conrad
Le Miroir de la mer, 1906

23 JUILLET

L'amour est une mer
dont la femme est la rive.

Victor Hugo
Le Groupe des idylles,
La Légende des siècles, 1859-1863

Naviguer est nécessaire, vivre ne l'est pas.

Plutarque
Vie de Pompée, *Vies parallèles*, Ier siècle

25 JUILLET

Nous, sur la mer, on ne demande pas aux gens de quelle religion ils sont.
On est tous des matelots, un point c'est tout.

Michel Ragon
Le Marin des sables, 1987

26 JUILLET

La mer prend sans demander ;
La mer est un travailleur, un voleur,
un vagabond ;
Pourquoi la mer rend-elle si lentement
Ou ne rend-elle jamais ?

Carl Sandburg
Smoke and Steel [Fumée et Acier], 1920

JOLLY PLATINO
MESSINA

27 JUILLET

C'était un cimetière de navires,
pitoyables épaves, bas mâts
et mâts de hune, basses vergues
énormes, bordages de navires,
carcasses de vaisseaux
et squelettes de braves marins.

Louis Lacroix
Les Derniers Grands Voiliers.
Histoire des long-courriers nantais
de 1891 à 1931, 1937

28 JUILLET

La nature apprend à l'homme
à nager lorsqu'elle fait couler
son bateau.

Sait Faik Abasiyanik
Un point sur la carte, s.d.

29 JUILLET

Je m'arrêtai à regarder et vis la mer se lever d'ouest en est, en une lame aussi haute que la nef et qui de plus venait peu à peu vers moi.

Christophe Colomb
La Découverte de l'Amérique, 1494-1504

Le matelot revient joyeux au calme fleuve
Quand aux îles lointaines, il a fait sa moisson.

Friedrich Hölderlin
Ô patrie, 1793

Si vous voulez aller sur la mer, sans aucun risque de chavirer,
alors, n'achetez pas un bateau : achetez une île !

Marcel Pagnol
Fanny, 1931

N. SENHORA.DAS.MERCES

1er AOÛT

Il aimait que les hommes besognassent,
la sueur au front, la nuit, sur la plage balayée par
le vent, opposassent leurs muscles et leur intelligence
aux vagues et aux rafales ; il aimait que les marins
s'employassent ainsi, se fissent noyer, au large, dans
la tempête, pendant que les femmes gardaient
la maison et demeuraient assises auprès de leurs
enfants endormis.

Virginia Woolf
La Promenade au phare, 1927

2 AOÛT

Que c'est une chose agréable
D'être sur le bord de la mer,
Quand elle vient à se calmer
Après quelque orage effroyable !
Et que les chevelus Tritons,
Hauts, sur les vagues secouées,
Frappent les airs d'étranges tons
Avec leurs trompes enrouées,
Dont l'éclat rend respectueux
Les vents les plus impétueux.

Marc-Antoine Girard,
sieur de Saint-Amant
La Solitude, *Poésies*, 1629-1658

3 AOÛT

C'est le pilote qui voit loin qui
ne fera pas chavirer son bateau.

Aménémopé
Pharaon égyptien de la XXIe dynastie,
1360 avant J.-C.

Heureux qui comme Ulysse
A fait un beau voyage.

Joachim du Bellay
Les Regrets, 1557

5 AOÛT

Celui qui craint les eaux, qu'il demeure au rivage.

Pierre de Marbeuf
Recueil des vers, 1628

6 août

Le capitaine Jonathan,
Étant âgé de dix-huit ans,
Capture un jour un pélican
Dans une île d'Extrême-Orient.

Robert Desnos
Le Capitaine Jonathan, *Chantefables et Chantefleurs*, 1944

Soudain la mer commença à s'enfler et tumultuer du bas abîme ; les fortes vagues battre les flancs de nos vaisseaux ; le mistral, accompagné d'un cole effréné, de noires gruppades, de terribles sions, de mortelles bourrasques, siffler à travers nos antennes.

François Rabelais
Le Quart Livre, 1552

8 AOÛT

Sa pensée première et irrésistible fut que la mer de Chine tout entière venait de se vider sur le pont.

Joseph Conrad
Typhon, 1903

9 AOÛT

Mon beau navire ô ma mémoire
Avons-nous assez navigué
Dans une onde mauvaise à boire
Avons-nous assez divagué
De la belle aube au triste soir.

Guillaume Apollinaire
La Chanson du mal-aimé, *Alcools*, 1913

TSARA N.Y
MIA-RAKA

10 AOÛT

Quelle mer n'a point de tempête ?

André Chénier
La Jeune Captive, *Les Bucoliques*, 1819

11 AOÛT

Le vent devint bourrasque,
et jusqu'au ciel très noir
La mer terrible, enflant ses houles
couleur d'encre,
Défonça les sabords, rompit
les mâts et l'ancre,
Et fit la triste nef plus rase
qu'un radeau.

José Maria de Heredia
Les Conquérants de l'or (II),
Les Trophées, 1893

La mer ne se vante pas d'être salée.

Proverbe du père Jaouen

J'ai vu des archipels sidéraux ! et des îles
Dont les cieux délirants sont ouverts au vogueur :
Est-ce en ces nuits sans fond que tu dors et t'exiles,
Million d'oiseaux d'or, ô future Vigueur ?

Arthur Rimbaud
Le Bateau ivre, *Poésies*, 1891

14 AOÛT

Maman les p'tits bateaux
Qui vont sur l'eau
Ont-ils des jambes ?
Mais oui, mon gros bêta
S'ils n'en avaient pas
Ils ne march'raient pas.

Chanson

15 AOÛT

Toute la vie maritime ! tout dans la vie maritime !
Toute cette subtile séduction s'infiltre dans mes veines
Et indéfiniment, sans cesse, je pense aux voyages,
Ah ! les lignes des côtes lointaines, écrasées par l'horizon !
Ah ! les caps, les îles, les plages sablonneuses !

Fernando Pessoa
Ode maritime, 1915

16 AOÛT

Mais, ô mon cœur, entends
le chant des matelots !

Stéphane Mallarmé
L'Azur, *Poésies*, 1865

17 AOÛT

Ce sont les voiliers
qui ont découvert le monde,
et ils charrient dans leur sillage
bien des légendes.

Olivier de Kersauson
*Homme libre, toujours tu chériras
la mer*, 1994

18 AOÛT

Lentement, très lentement, le bateau longe ces rivages, comme s'il faisait un immense effort pour s'en détacher, comme si les voix ardentes du littoral l'attiraient.

Pablo Neruda
Né pour naître, 1980 (posthume)

19 AOÛT

À navire brisé tous vents
sont contraires.

Proverbe français

20 AOÛT

Notre âme est un trois-mâts
cherchant son Icarie ;
Une voix retentit sur le pont :
« Ouvre l'œil ! »
Une voix de la hune, ardente
et folle, crie :
« Amour… gloire… bonheur ! »
Enfer ! c'est un écueil !

Charles Baudelaire
Le Voyage, *Les Fleurs du mal*,
1840-1857

21 AOÛT

Innombrables s'agitent les goélands et les mouettes.
Des cris, des battements de plumes. Blanches
ou teintées de gris, des milliers, des milliers d'ailes
encombrent l'étendue imprécise ; des ailes nerveuses,
rapides, cinglantes, qui fouettent l'air épais avec des
bruits d'éventail ; la vie intense des oiseaux pêcheurs
nous enveloppe, dans cette buée, pour nous à peine
respirable, que le grand fleuve exhale toujours
sur la fin des nuits.

Pierre Loti
Les Pagodes d'or, *Voyages* (1872-1913)

22 AOÛT

Lorsque les pupilles du chat sont dilatées, la mer est basse ;
lorsqu'elles sont contractées, la mer est haute.

Dicton

23 AOÛT

Eh bien tous ces marins – matelots, capitaines,
Dans leur grand Océan à jamais engloutis,
Partis insoucieux pour leurs courses lointaines,
Sont morts – absolument comme ils étaient partis.

Tristan Corbière
Gens de mer, *Les Amours jaunes*, 1873

L'âge venu, j'ai compris la sagesse d'un vieux précepte irlandais : « Il faut vivre au bord de la mer. » La mer soulage les vieilles blessures et stimule l'esprit ; elle vivifie les passions de l'intelligence et de la chair, tout en amenant l'âme à trouver sa sérénité.

John Huston par John Huston, 1982

25 AOÛT

La houle me murmure une onde de reproche,
Ou retire ici-bas, dans ses gorges de roche,
Comme chose déçue et bue amèrement,
Une rumeur de plainte et de resserrement…

Paul Valéry
La Jeune Parque, 1917

26 AOÛT

Telle est ma vision de l'Orient :
hautes lignes de montagnes, bleutées et lointaines
le matin, pareilles à une brume légère à midi, murailles
de pourpre déchiquetées au coucher du soleil.
J'ai encore dans la main la sensation de l'aviron,
et dans les yeux la vision d'une mer d'un bleu ardent,
et je vois une baie, une large baie, lisse comme
du verre et polie comme de la glace, miroitante
dans le noir. Une lumière rouge brûle au loin sur
les ténèbres de la terre, et la nuit est douce et chaude.

Joseph Conrad
Jeunesse, 1902

27 AOÛT

Poisson de mer,
poisson de fer.

Dicton arabe

28 AOÛT

La vie ne s'arrête pas sous zéro.
Elle sculpte pour l'éternité
des hommes les secondes
de la poussière des temps,
et nous passons.

Anita Conti
Racleurs d'océans, 1952

29 AOÛT

Pourquoi donc est-il écrit que le firmament a été formé de cette même matière informe et nommé ciel, et qu'il n'est pas écrit que les eaux en aient été formées, quoiqu'elles ne soient plus informes et invisibles, puisque nous les voyons couler avec une beauté si admirable ?

Saint Augustin
Les Confessions, 400 avant J.-C.

30 AOÛT

Le croiseur, lancé à pleine
puissance, se cabrait, l'étrave
soulevée par la résistance
de l'eau. Vibrant, luttant contre
ce mur liquide qu'il éventrait,
le bateau poussait devant lui
une vague énorme.

Jacques-Yves Cousteau et Diolé,
Les Dauphins et la liberté, 1975

31 AOÛT

L'une après l'autre,
avec de furieux élans,
Les lames glauques sous
leur crinière d'écume,
Dans un tonnerre sourd
s'éparpillant en brume,
Empanachent au loin
les récifs ruisselants.

José Maria de Heredia
Mer montante, *Les Trophées*, 1893

1er SEPTEMBRE

Jamais les bras du ciel glacé n'ont été si purs et si terribles.

Anita Conti
Racleurs d'océans, 1952

2 SEPTEMBRE

La grenouille dans un puits
ne sait rien de la haute mer.

Proverbe japonais

3 SEPTEMBRE

Où se trouve le port terminal
d'où nous ne lèverons plus l'ancre ?

Herman Melville
Moby Dick, 1851

La vie, la mer... soupire-t-elle. Enfin la mer...

Andrée Chedid
Le Sixième Jour, 1960

Ou, penchés à l'avant des blanches caravelles,
Ils regardaient monter en un ciel ignoré
Du fond de l'Océan des étoiles nouvelles.

José Maria de Heredia
Les Conquérants, *Les Trophées*, 1893

6 SEPTEMBRE

Que Neptune en courroux,
s'élevant sur la mer,
D'un mot calme les flots,
mette la paix dans l'air,
Délivre les vaisseaux,
des syrtes les arrache,
C'est là ce qui surprend,
frappe, saisit, attache.

Nicolas Boileau
Art poétique, 1674

7 SEPTEMBRE

Devant ces côtes aux formes
immuables où la mer limpide
baigne la lave et les coraux,
comme aux temps de la Genèse,
dans cette pérennité,
l'Univers se fait Dieu et nous
nous sentons emportés
dans son cycle éternel.

Henry de Monfreid
Le Récif maudit, 1961

8 SEPTEMBRE

De tous les surplombs
jaillissaient les minces lanières
gaufrées du varech dont
les pêcheurs se font des
baromètres. Le souffle obscur
de la caverne agitait ces
courroies luisantes.

Victor Hugo
Les Travailleurs de la mer, 1866

9 SEPTEMBRE

Il était une fois un vieil homme, tout seul dans son bateau,
qui pêchait au milieu du Gulf Stream. En quatre-vingt-quatre jours,
il n'avait pas pris un poisson.

Ernest Hemingway
Le Vieil Homme et la Mer, 1952

Il n'y aurait de capitaine
s'il n'y avait de laboureur.

Pedro Calderón de la Barca
L'Alcade de Zalamea, 1644

11 SEPTEMBRE

Il y a plus de larmes versées sur la terre qu'il n'y a d'eau dans l'océan.

Bouddha

12 SEPTEMBRE

Il y avait quatre-vingt-huit jours que l'épouvantable
tempête ne m'avait pas quitté, à tel point que
je n'avais vu ni soleil ni étoiles sur la mer,
que les navires s'étaient ouverts, les voiles déchirées,
les ancres, les agrès et les câbles perdus
avec les barques et beaucoup de l'approvisionnement.

Christophe Colomb
Découverte de l'Amérique, 1494-1504

13 SEPTEMBRE

Il ne faut pas lier un navire
à une seule ancre,
ni une vie à un seul espoir.

Épictète
Entretiens, Ier-IIe siècles

14 SEPTEMBRE

C'est cette longue attente,
cette longue fatigue dans le froid
humide qui sont les vraies
horreurs de la mer.

Pierre Loti
En mer, *Mon frère Yves*, 1883

15 SEPTEMBRE

Grise et molle comme une grande éponge, la mer se boursouflait dans la baie sans contours.

Albert Camus
Noces, 1938

16 SEPTEMBRE

Pour savoir prier, il faut avoir été marin.

Björn Larsson
La Sagesse de la mer, 2002

17 SEPTEMBRE

[…] et la nuit s'élance de l'océan.

Virgile
Les Bucoliques, 40 avant J.-C.

18 SEPTEMBRE

Il est doux, quand la vaste mer est soulevée par les vents, d'assister du rivage aux périls d'autrui.

Lucrèce
De la nature, Ier siècle avant J.-C.

Vainement, un dieu, dans sa prévoyance, mit entre les terres, pour les désunir, la barrière de l'Océan, puisque, malgré tout, des esquifs impies franchissent de leur bond l'étendue inviolable des eaux.

Horace
Odes, Ier siècle avant J.-C.

20 SEPTEMBRE

La mer ! de quelque côté qu'on la surveille, des heures et des heures,
à quelque moment qu'on la surprenne : toujours elle-même,
jamais en défaut, toujours seule, empire de l'insociable,
grande histoire qui se fait, cataclysme mal digéré ;
comme si l'état liquide où nous la voyons n'était qu'une déchéance !

Jules Laforgue
Moralités légendaires, 1887

SWEETS

21 SEPTEMBRE

Les matelots,
en mer depuis trois mois,
ont besoin de plaisirs simples :
marcher sur un sol
qui ne bouge pas, contempler
le vert des arbres, voir d'autres
visages, mordre dans des fruits,
rencontrer des femmes.

Jean-Michel Barrault
Magellan : la terre est ronde, 1997

22 SEPTEMBRE

Certains jours de grand soleil, sans vent,
la mer semble innocente, pourtant
elle « travaille » en douce.

Jean-Pierre Abraham
Cap Sizun, 1997

Le vent s'était calmé, mais la mer restait grosse, avec sa robe grise des jours de tempête, où un peu de soleil, filtré entre deux nuages, mettait comme la douceur pâle d'un sourire d'adolescent.

Henry de Monfreid
Le Récif maudit, 1961

24 SEPTEMBRE

Ô flots abracadabrantesques,
Prenez mon cœur, qu'il soit lavé !

Arthur Rimbaud
Le Cœur volé, *Poésies*, 1891

S. JOSÉ

25 SEPTEMBRE

Aucun autre métier ne mûrit les hommes si jeunes
au sentiment de cette responsabilité précise qui exige
une décision rapide, car c'est la lutte pour la vie,
à la mer ! La mer… qui donc prétend que les hommes
l'ont mâtée ? Utilisée oui, domptée jamais.

Maurice Kerdrue
Joliff et Magadur, hommes de mer, 1943

26 SEPTEMBRE

Mais quand du côté du farouche Borée il y a de la foudre et quand tonne la demeure d'Eurus et de Zéphir, tous les domaines sont inondés à cause de leurs fossés pleins, et tout marin, sur mer, cargue ses voiles mouillées.

Virgile
Géorgiques, 37-35 avant J.-C.

La mer hurlait, comme si elle eût possédé la voix de ces écueils antiques animés par la mythologie païenne.

Jules Verne
Les Enfants du capitaine Grant, 1867-1868

28 SEPTEMBRE

Il est très difficile de choisir un bateau sur le papier,
et il reste toujours la possibilité de commettre
une erreur en éliminant le meilleur.

Éric Tabarly
Pen Duick VI, 1974

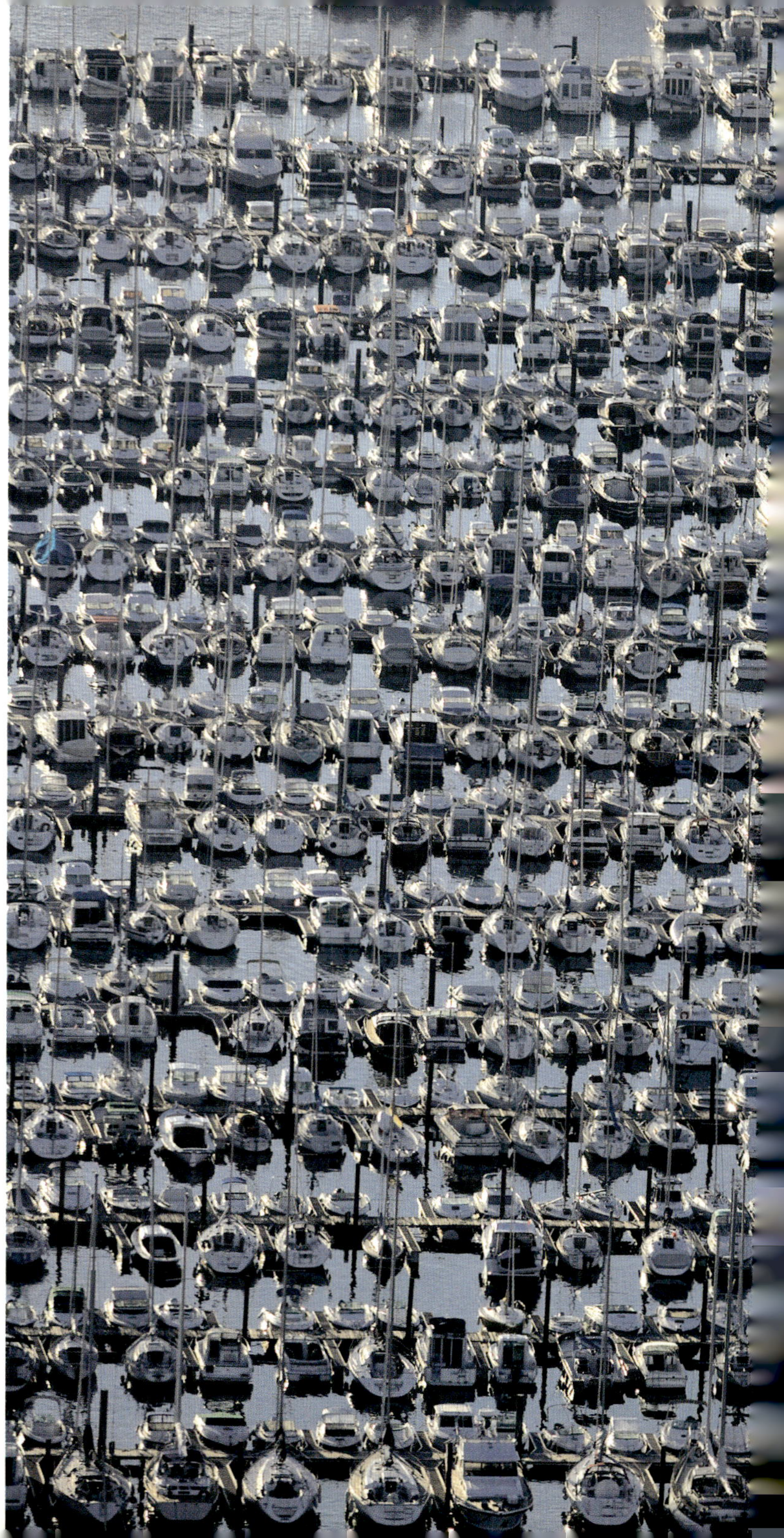

29 SEPTEMBRE

Guidé par la petite Étoile,
Le vieux patron, d'un air très fin,
Dit souvent que sa blanche voile
Semble l'aile d'un Séraphin…
Et le pauvre gâs
Fredonne tout bas :
« Ta voilure, mon vieux Jean-Blaise,
Est moins blanche, au mât d'artimon,
Que la coiffe à la Paimpolaise
Qui m'attend au pays breton. »

Théodore Botrel
La Paimpolaise,
Chansons pour l'école et le foyer, 1903

30 SEPTEMBRE

Pline écrit que la mer et la terre ne font qu'une sphère et il prétend que cette mer Océane est la plus grande masse d'eau. Il dit qu'elle est tournée vers le ciel, que la terre est en dessous et la soutient, l'un et l'autre mêlés comme la chair de la noix l'est à la pellicule qui l'enveloppe.

Christophe Colomb
Découverte de l'Amérique, 1494-1504

1er OCTOBRE

Il a peint l'Océan splendide, immense et triste,
Où le nuage laisse un reflet d'améthyste,
L'émeraude écumante et le calme saphir [...].

José Maria de Heredia
Un peintre, *Les Trophées*, 1893

2 OCTOBRE

L'eau seule est éternelle.

Yun Son-Do

3 OCTOBRE

Femme de marin, femme de chagrin.

Proverbe français

4 OCTOBRE

Sitôt que paraît dans son berceau de brume l'Aurore aux doigts de rose,
Je tire mes vaisseaux à la vague divine,
Mes gens montent à bord et vont s'asseoir aux bancs,
Puis chacun en sa place, la rame bat le flot qui blanchit sous les coups.

Homère
L'Odyssée, IXe-VIIIe siècles avant J.-C.

5 OCTOBRE

Nous avons vu des astres
Et des flots ; nous avons vu des sables aussi ;
Et, malgré bien des chocs et d'imprévus désastres,
Nous nous sommes souvent ennuyés, comme ici.

Charles Baudelaire
Le Voyage, *Les Fleurs du mal*, 1840-1857

9659

6 OCTOBRE

Enfanteurs de la nue éclatante
ou qui gronde,
Flots des mers, ennemis de tous
les caps du monde,
Vous leur jetez avec vos limons
coutumiers
Son rêve et son histoire épars
en des fumiers.

Léon Dierx, Flots des mers,
Les Lèvres closes, 1867

7 OCTOBRE

Si seulement on pouvait
s'entraîner en prévision des naufrages
et s'arranger pour qu'ils se produisent
quand on est dans une forme parfaite,
il y aurait moins de noyades en mer.

Stephen Crane
Le Bateau ouvert, 1898

8 OCTOBRE

J'admire, en te voyant, la Source dont tu sors ;
Les Biens que tu produis, et les Biens que tu pilles ;
Et la Robe d'argent, dont parfois tu t'habilles,
Lorsque les Vents, émus, troublent ton vaste Corps.

Qui pourroit de ton sein compter tous les Trésors ;
De tes divers Poissons les nombreuses familles :
Les Perles, l'Ambre-gris, le Coral, les Coquilles,
Que ton bruyant Courrous étale sur tes bords ?

Laurent Drelincourt, Sur la mer,
Sonnets chrétiens sur divers sujets, 1677

9 OCTOBRE

Oh ! cette révérence d'une lame
douce comme le lait
Qui m'enveloppe les chevilles !
Oh ! ce rire frais
De la vague où froidit la fièvre
de mon jeune sang !

Louis-René des Forêts
Les Mégères de la mer, 1967

10 OCTOBRE

Ô mer antérieure à nous, tes frayeurs
Recelaient des coraux, des plages,
des clairières.
Forcés les secrets de la nuit, de la brume
Serrée, des tourmentes endurées,
du mystère,
Le Lointain ouvrait ses corolles,
et le Sud sidéral
Resplendissait sur les nefs de l'initiation.

Fernando Pessoa
Horizon, *Message*, 1934

11 OCTOBRE

Il y a un vaisseau qui a emporté ma bien-aimée [...]
Il y a un capitaine qui attend avec anxiété
les communications de la TSF sur l'Atlantique [...]
Il y a le Gulf Stream qui est si tiède et si bienfaisant.

Guillaume Apollinaire
Il y a, *Calligrammes*, 1918

Nul ne saurait devenir marin ni connaître les marins sans avoir partagé leur vie dans le poste d'équipage et mangé avec eux à la même gamelle.

Richard Henry Dana
Deux années sur le gaillard d'avant, 1840

13 OCTOBRE

Les marins sont aussi sensibles que des girouettes au moindre changement de temps.

Celia Rees
Mémoires d'une pirate, 2003

14 OCTOBRE

La mer n'est que ce conseil :
Toujours avancer – jamais arriver.

Vahagn Davtian
Lettre, 1973

15 OCTOBRE

Qu'une brise favorable caresse les flots apaisés !

Ovide
Épître XIII, *Les Héroïdes*, vers -23 avant J.-C.

16 OCTOBRE

Pris
Dans l'eau calme de granit gris,
nous voguons sur la lagune dolente.
Notre gondole et ses feux d'or
Dort
Lente.

Alfred Jarry
La Régularité de la châsse,
Les Minutes de sable mémorial, 1894

17 OCTOBRE

En voilier, on n'entendait,
on ne sentait, on ne percevait
que le vent et la mer. On faisait
la même chose que nos ancêtres
des milliers d'années avant nous.

Charles Simmons
Les Locataires de l'été, 1998

18 OCTOBRE

Je sens d'un souffle heureux
mon navire emporté ;
Il échappe aux écueils des trompeuses
Cyclades,
Et vogue à l'Immortalité.

Ponce-Denis Écouchard Lebrun
Ode sur le vaisseau *Le Vengeur*,
Odes, XVIIIe siècle

19 OCTOBRE

Dieux ! Que la terre tourne vite ! C'est elle qui s'enfuit ; c'est la mer qui poursuit sa rotation formidable, et elle a laissé loin derrière elle, loin derrière la ligne d'horizon, le soleil tout seul dans un flamboiement.

Anita Conti
Racleurs d'océans, 1952

20 OCTOBRE

Mais plutôt, je voudrais songer sur tes rivages,
Mer, de mes premiers jours berceau délicieux.
J'écouterai gémir tes mouettes sauvages,
L'écume de tes flots rafraîchira mes yeux.

Jean Moréas
Stances, 1899-1900

21 OCTOBRE

Je n'ai pas de carte détaillée,
mais les Instructions nautiques
sont formelles : tous les dangers
sont visibles.

Éric Tabarly
Pen Duick VI, 1974

22 OCTOBRE

L'océan a la nature sans scrupule d'un féroce autocrate dépravé
par une perpétuelle adulation. Il ne peut souffrir la moindre apparence
de défi, et n'a jamais cessé d'être l'irréconciliable ennemi des navires
et des hommes depuis que les navires et les hommes ont eu l'audace inouïe
de défier ensemble sur les flots son front irrité.

Joseph Conrad
Le Miroir de la mer, 1906

23 OCTOBRE

Parce que si on veut trouver
un châtiment je me demande
s'il est possible d'inventer mieux
que de laisser un pauvre diable
là tout seul au milieu de l'océan.
Pas même une plage.
Rien.

Ou un rocher.

Alessandro Baricco
Océan mer, 1999

24 OCTOBRE

La terre n'est rien d'autre
qu'une coalition faite exprès
pour décourager les marins.

Arturo Pérez-Reverte
Le Cimetière
des bateaux sans nom, 2000

25 OCTOBRE

Pour des yeux de marins exercés à connaître de loin les terres, il y a des terres là-dessous, assurément ; sans les voir, on les devine à je ne sais quoi d'opaque et d'immobile qu'ont ces nuages.

Pierre Loti
Voyages (1872-1913)

26 OCTOBRE

L'océan était comme des bouquets en tulle
Et le soir triste comme l'Été et une flûte.

Francis Jammes
Quand verrai-je les îles [...] ?, *De l'Angelus de l'aube à l'Angelus du soir*, 1888-1898

27 OCTOBRE

La mer, abondamment sur le monde étalée,
Gardera dans la route errante de son eau
Le goût de ma douleur qui est âcre et salée
Et sur les jours mouvants roule comme
un bateau.

Anna de Noailles
L'Empreinte, *Le Cœur innombrable*, 1901

28 OCTOBRE

Tandis qu'au loin riait la mer
Sur le corail sonore.

Paul-Jean Toulet
Les Contrerimes, XLVI, 1921

29 OCTOBRE

Le corps fouetté par les embruns,
la pluie, les grains, le visage hâlé
par la lune et le soleil ; l'esprit
calme et virilement trempé,
nous allons suivant la grand'route
des Océans... partout chez nous,
sans notion des distances,
satisfaits de vivre.

Maurice Kerdrue
Joliff et Magadur, hommes de mer, 1943

30 OCTOBRE

Les poissons volants filent sous l'étrave comme des grenouilles.
À l'approche de certaines côtes volent dans la mâture des oiseaux singuliers.
Les péninsules s'étalent sur l'eau comme des mains et on voit dans le lointain
les hautes épines dorsales de ces morts. La mer est bombée comme une tortue,
ses volutes se défont et respirent avec un bruit de vapeur évadée.

Paul Nizan
Aden Arabie, 1931

31 OCTOBRE

Une mer calme n'a jamais fait un bon marin.

Proverbe anglais

Octobre accélérait la chute du jour et ses marées de morte-eau léchaient à peine le pied des falaises.

Georges Simenon
La Marie du port, 1938

2 NOVEMBRE

La brume pesait, énorme et sale,
sentant le vieux sel et le vieux gravier marin,
croisement d'air, de ciel et de flot, immense gel
d'embruns et de fumées où les oiseaux
perdaient goût à s'ébattre.

Henri Queffélec
Frères de la brume, 1960

3 NOVEMBRE

Il vente la peau du diable et le cotre, en cap sous la grand'voile à 6 tours et le petit foc bordé au vent, est trop chargé de toile. Mais il est trop tard pour amener. J'avais dû crocher un solide palan sur le gui, pour éviter qu'il ne se brise sous la force du vent.

Jacques-Yves Le Toumelin
«Kurun» autour du monde : 1949-1952, 1953

4 NOVEMBRE

Qui voit Molène voit sa peine,
qui voit Ouessant voit son sang,
qui voit Sein voit sa fin,
qui voit Groix voit sa croix.

Proverbe breton

5 NOVEMBRE

Le bateau c'est la liberté, pas seulement le moyen d'atteindre un but.

Bernard Moitessier
Tamata et l'alliance, 1993

Sur l'eau, pour le bateau il n'y a que deux dangers : la terre et le feu. Pour le marin, il faut ajouter le froid. C'est le frère aîné du désespoir, et ils vont ensemble.

Jean-François Deniau
La mer est ronde, 1975

7 NOVEMBRE

Souvent, pour s'amuser, les hommes d'équipage
Prennent des albatros, vastes oiseaux des mers,
Qui suivent, indolents compagnons de voyage,
Le navire glissant sur les gouffres amers.

Charles Baudelaire
L'Albatros, *Les Fleurs du mal*, 1840-1857

FH
7209

8 NOVEMBRE

Le plus beau des océans
Est celui que l'on n'a pas encore traversé.

Nâzim Hikmet
Lettres et poèmes, 1945

9 NOVEMBRE

Il y avait la mer de Chine, la mer Rouge, l'océan Indien, le canal de Suez, le matin on se réveillait et c'était fait, on le savait à l'absence de trépidations, on avançait dans les sables.

Marguerite Duras
L'Amant, 1984

10 NOVEMBRE

J'ai toujours lu que le monde – terre et eau – était sphérique, et les autorités et les expériences que Ptolémée et tous les autres ont décrites sur ce point prouvent et enseignent cela aussi bien par les éclipses de Lune que par les autres démonstrations qu'ils font depuis l'Orient jusqu'à l'Occident, et par l'élévation du pôle, du nord au midi.

Christophe Colomb
La Découverte de l'Amérique, 1494-1504

11 NOVEMBRE

Sur la mer très loin
où va-t-il
le vent vert et brumeux?

Jôsô

12 NOVEMBRE

Dans l'esprit des gens du peuple,
comme dans l'esprit des marins,
la mer est un personnage,
un personnage redoutable,
qui est à l'origine
de faits mystérieux.

Alain Bombard
Au-delà de l'horizon, 1980

La mer ! Sa seule beauté attire, retient le regard et donne l'impression d'une étendue intouchée de commencement du monde, d'une puissance qui dépasse l'être humain.

Reine Malouin
Princesse de nuit, XVIIe siècle

14 NOVEMBRE

Les sages, quelquefois, ainsi que l'écrevisse,
Marchent à reculons, tournent le dos au port.
C'est l'art des matelots [...].

Jean de La Fontaine
L'Écrevisse et sa Fille, *Fables*, 1668-1694

15 NOVEMBRE

Elle en sait autant qu'un goéland sur le vent
et les nuées, et les vies qui se meuvent
dans les premières épaisseurs de la mer :
autant qu'un saumon sur la profondeur.

Anne de Tourville
Pêcheuse d'Ouessant (Marie-Madeleine-Eugénie Tual),
Femmes de la mer, 1958

16 NOVEMBRE

Lorsqu'on regarde sa vie passée, on croit voir sur une mer déserte la trace d'un vaisseau qui a disparu.

François-René de Chateaubriand
Mémoires d'outre-tombe, 1850

17 NOVEMBRE

Le sinistre océan jette son noir sanglot.

Victor Hugo
Les Pauvres Gens (II), *La Légende des siècles*, 1859-1863

18 NOVEMBRE

La mer est le maître puissant
et redouté mais qui se fait aimer
par-dessus tout avec un sourire
après l'épouvante.

Henry de Monfreid
Sir Henry Middleton, 1941

19 NOVEMBRE

Dans les clapotements
furieux des marées,
Moi, l'autre hiver, plus sourd
que les cerveaux d'enfants,
Je courus ! Et les Péninsules démarrées
N'ont pas subi tohu-bohus
plus triomphants.

Arthur Rimbaud
Le Bateau ivre, *Poésies*, 1891

20 NOVEMBRE

Quand les vagues, en effet,
déferlent
sur un récif,
elles prennent une forme concave
orientée dans le sens de leur marche ;
elles réfléchissent ainsi devant elles
ce bruit caractéristique que les marins,
dans la nuit, entendent avec effroi.

Henry de Monfreid
Le Récif maudit, 1961

Tu as pénétré dans l'Atlantique. Regarde, l'eau a une autre couleur ; sens, elle a une autre odeur ; goûte, elle a une autre saveur. Elle a la couleur, l'odeur, la saveur de l'inconnu.

Édouard Peisson
La mer est un pays secret, 1946

SNSM
SOCIETE NATIONALE DE SAUVETAGE EN MER
SNS 081

22 NOVEMBRE

Les crabes, galets marchant.

Jules Renard
Journal, 9 août 1887

Homme libre toujours tu chériras la mer. Affirmation péremptoire et gratuite.
Un homme libre peut très bien détester la mer.

Marcel Aymé
Uranus, 1948

24 NOVEMBRE

À force de contempler la mer, on finit un jour par la prendre.

Dicton breton

25 NOVEMBRE

Dans la bouche d'un marin
Sur ce fragile bateau à voiles
Le chant de douleur se meurt,
Dit la blessure du désir,
La lèvre brûlée de baisers
Qui embrasse le vent et rien de plus.

José Régio

26 NOVEMBRE

Dans les mers il n'est pas rare
Que la foudre au lieu de phare
Brille dans l'air,
Et que sur l'eau qui se dresse
Le sloop-fantôme apparaisse
Dans un éclair. [...]
C'est le hollandais ! la barque
Que le doigt flamboyant marque !
L'esquif puni !
C'est la voile scélérate !
C'est le sinistre pirate
De l'infini !

Victor Hugo
Les Paysans au bord de la mer,
La Légende des siècles, 1859-1863

27 NOVEMBRE

Ô Mort, vieux capitaine, il est temps!
levons l'ancre!
Ce pays nous ennuie, ô Mort! Appareillons!
Si le ciel et la mer sont noirs comme de l'encre,
Nos cœurs que tu connais sont remplis
de rayons!

Charles Baudelaire
Le Voyage, *Les Fleurs du mal*, 1840-1857

MARC

28 NOVEMBRE

Oh ! combien de marins, combien de capitaines
Qui sont partis joyeux pour des courses lointaines,
Dans ce morne horizon se sont évanouis !
Combien ont disparu, dure et triste fortune !
Dans une mer sans fond, par une nuit sans lune,
Sous l'aveugle océan à jamais enfouis !

Victor Hugo
Oceano Nox, *Les Rayons et les Ombres*, 1840

29 NOVEMBRE

Il faut être rameur,
avant de prendre en main le gouvernail ;
avoir gardé la proue et observé les vents,
avant de gouverner soi-même le navire.

Aristophane
Les Cavaliers, 424 avant J.-C.

30 NOVEMBRE

Le vent appelait tes voiles ; c'était celui que désiraient les matelots [...].

Ovide
Épître XIII, *Les Héroïdes*, vers -23 avant J.-C.

1er DÉCEMBRE

Dans les premiers rouleaux, j'ai lofé, envoyé le foc, puis dès que j'ai été tiré de terre, baissé la grand-voile, et en fuite jusqu'à Cavalaire. On débarquait salés et heureux. On avait vingt ans. Ah, jeunesse, jeunesse… Reste-t-il du rhum ?

Jean-François Deniau
La mer est ronde, 1975

2 DÉCEMBRE

Avec des flancs avariés, les voiles en lambeaux,
Exténué, ruiné, épuisé par la brise courtisane.

William Shakespeare
Le Marchand de Venise, 1596

3 DÉCEMBRE

Ce n'est pas la mer qui agit, ce n'est pas elle qui veut se soulever,
c'est le vent qui passe sur elle et l'enfonce et pousse ses débris arrachés.

Anita Conti
Racleurs d'océans, 1952

4 DÉCEMBRE

Saché-je d'où provient, Sirènes, votre ennui
Quand vous vous lamentez, au large, dans la nuit ?
Mer, je suis comme toi, plein de voix machinées
Et mes vaisseaux chantants se nomment les années.

Guillaume Apollinaire
Les Sirènes, *Alcools*, 1913

14 / 19
CLAYMORE CAP

5 DÉCEMBRE

Et elle roule la grande baille, elle oscille avec une espèce de joie, ça se sent, [...] elle décroche la pince de la veilleuse au-dessus des cartes elles-mêmes : le capitaine remet la pince.

Anita Conti
Racleurs d'océans, 1952

6 DÉCEMBRE

Animé par le souffle alizé,
notre navire file et bondit sur
l'abîme élastique où il appuie
de toute sa lourdeur.

Paul Claudel
Connaissance de l'Est, 1900-1907

7 DÉCEMBRE

Marée serpent
Sournoise
Verte
Trouée d'écume
Remonte
Et imbibe le cri
Craquelé de
La terre assoiffée
Du désir d'être là-bas
Se mouvant
Avec la mer la mer verte.

Sam Sheppard
Lune faucon, 1985

8 DÉCEMBRE

Et la mer et l'amour ont l'amer pour partage,
Et la mer est amère, et l'amour est amer,
L'on s'abîme en l'amour aussi bien qu'en la mer,
Car la mer et l'amour ne sont point sans orage.

Pierre de Marbeuf
Et la mer…, *Recueil des vers*, 1628

9 DÉCEMBRE

Un phare attendri comme
une madone géante.

Blaise Cendrars
La Corogna, *Feuilles de route*, 1924

10 DÉCEMBRE

Agitée par deux vents
l'onde frémit sur la mer troublée
et le marin épouvanté
se voit déjà faire naufrage
ce cœur combattu
par le devoir et par l'amour
ne résiste plus et semble céder
et commence à désespérer.

Apostolo Zeno
Griselda, 1921

11 DÉCEMBRE

L'endroit est plat
face à la mer
la mer est au bout de sa course
frappe les ruines
toujours forte
là, maintenant, face à l'autre continent déjà.
Bleue des colonnes de marbre bleu jetées là devant
le port.

Marguerite Duras
Césarée, 1979

Tâchez d'être fidèle, et moi : sans avarie…

Une autre fois mieux !… Adieu-vat !

Tristan Corbière
Le Novice en partance et sentimental, *Les Amours jaunes*, 1873

« Marées de tempête, marées de paradis », répètent les marins du grand large ; et c'est vrai.

Anita Conti
Racleurs d'océans, 1952

14 DÉCEMBRE

J'irai. Je veux monter au dernier promontoire,
Et qu'une mer, pour tous silencieuse encor,
Caresse mon orgueil d'un murmure de gloire.

José Maria de Heredia
Les Trophées, 1893

15 DÉCEMBRE

La mer semblait toute en surface et en paillettes,
bien plus artificielle que l'esprit humain.
C'était l'abîme de l'illusion humaine qui constituait
la vraie profondeur immuable.

Henry James
Les Années médianes, 1897

16 DÉCEMBRE

La chair est triste, hélas !
et j'ai lu tous les livres.
Fuir ! là-bas fuir !
Je sens que des oiseaux sont ivres
D'être parmi l'écume inconnue et les cieux !

Stéphane Mallarmé
Brise marine, *Poésies*, 1865

17 DÉCEMBRE

À mesure que nous avancions vers
le large, l'air perdait de sa légèreté
impondérable et sa transparence ;
il s'épaississait de vapeur d'eau,
et bientôt la lune se leva funèbre,
énorme et confuse, parmi
des cernes jaunes.

Pierre Loti
En passant à Mascate, *Voyages* (1872-1913)

18 DÉCEMBRE

Cœur vaisseau démarré
À charge pleine,
Vaisseau désemparé
De sa misaine [...].

Charles Péguy
La Ballade du cœur qui a tant battu,
1910-1912

19 DÉCEMBRE

Moi, si cela avait pu dépendre de ma volonté, j'aurais voulu être plutôt le fils de la femelle du requin, dont la faim est amie des tempêtes.

Lautréamont
Les Chants de Maldoror, 1868

20 DÉCEMBRE

« Métier de marin, métier de chien », avons-nous dit souvent, mais métier aussi de brave, et métier d'homme, qui n'est pas à la portée de tous.

Louis Lacroix
Les Derniers Grands Voiliers. Histoire des long-courriers nantais de 1891 à 1931, 1937

21 DÉCEMBRE

Pour Virginie, d'un port noble et assuré, elle nous faisait signe de la main, comme nous disant un éternel adieu. Tous les matelots s'étaient jetés à la mer. Il n'en restait plus qu'un sur le pont, qui était tout nu et nerveux comme Hercule.

Bernardin de Saint-Pierre
Paul et Virginie, 1789

On dit que ceux qui prennent la mer regardent soit devant eux, soit derrière.

Celia Rees
Mémoires d'une pirate, 2003

C'est encore dans la marine qu'il y a le plus de marins.

Proverbe Shadok

24 DÉCEMBRE

Un naufragé garde l'horreur des flots,
même tranquilles.

Ovide
Les Pontiques, vers l'an 10

25 DÉCEMBRE

On oublie souvent que la mer,
avant tout, n'a pas d'âge ;
sa force réside en cela.

Mohammed Dib
Qui se souvient de la mer, 1962

26 DÉCEMBRE

Si la girouette pouvait parler,
elle dirait qu'elle dirige le vent.

Jules Renard
Journal, 26 février 1906

Impénétrable et cruelle, la mer n'a rien donné d'elle-même à ceux qui prétendaient à ses précaires faveurs.

Joseph Conrad
Le Miroir de la mer, 1906

Nombre de matelots sont devenus marins après avoir exercé d'autres métiers.
Pour la plupart, ils sont d'origine paysanne, connaissent la terre, les animaux, ont pratiqué la chasse.

Jean-Michel Barrault
Magellan : la terre est ronde, 1997

29 DÉCEMBRE

Vieil Océan, dans tes rivages
Flotte comme un ciel écumant,
Plus orageux que les nuages,
Plus lumineux qu'un firmament !

Alphonse de Lamartine
Éternité de la nature, brièveté de l'homme,
Harmonies poétiques et religieuses, 1830

30 DÉCEMBRE

À quoi comparer
Notre vie en ce monde ?
À la barque partie
De bon matin
Et qui ne laisse pas de sillage.

Manzei, VIIIe siècle

31 DÉCEMBRE

La mer, la mer, toujours recommencée !

Paul Valéry
Le Cimetière marin, Gallimard, 1922

BIBLIOGRAPHIE

Sait Faik Abasiyanik, *Un point sur la carte*, s.d. Traduction T. Muhidine. © Souffles, Paris, 1988 : 28 juillet

Jean-Pierre Abraham, *Cap Sizun*. © Actes Sud & Ed. locales de France, Arles, 1997 : 22 septembre

Rafaël Alberti, *Sobre Los Angeles*, 1929, *in La Poésie espagnole des origines à nos jours*. Traduction Darmangeat. © Seghers, Paris, 1963 : 21 janvier

Castro Alves, *Navire négrier*, 1880. Traduction Michel Chandeigne. © Éditions Michel Chandeigne, Paris, 1998 : 7 février

Aménémopé, « Pharaon égyptien de la XXIe dynastie, 1360 avant J.-C. », *in Les Livres de sagesses des pharaons*. Traduction Élisabeth Laffont. © Folio-Gallimard, Paris, 1998 : 3 août

Hans Christian Andersen, *Contes*, 1835. Traduction David Soldi, 1856 : 1er juillet

Guillaume Apollinaire, *Alcools*, 1913 : 9 août, 4 décembre | *Calligrammes*, 1918 : 11 octobre

Aristophane, *Les Cavaliers*, 424 av. J.-C. Traduction Eugène Talbot, 1897 : 29 novembre

Matthew Arnold cité par Julian Huxley, *in Splendeur et Misère de l'Orient*. Traduction Josette Hesse. © Arthaud, Paris, 1955 : 12 février

Marcel Aymé, *Uranus*. © Gallimard, Paris, 1948 : 23 novembre

Jules Barbey d'Aurevilly, *Une vieille maîtresse*, 1851 : 6 avril

Alessandro Baricco, *Océan mer*, 1999. Traduction Françoise Brun. © Albin Michel, Paris : 21 juin, 23 octobre

Jean-Michel Barrault, *Magellan : la terre est ronde*. © Gallimard, Paris, 1997 : 31 janvier, 24 mars, 21 septembre, 28 décembre | « Moitessier, le philosophe de la mer. La longue route de Joshua. 1968-1969 », *in Mémoires de la mer. Cinq siècles de trésors et d'aventures*. © Iconoclaste, Paris, 2005 : 13 mars

Maurice Barrès, *La Colline inspirée*, 1913 : 5 juin

Charles Baudelaire, *Les Fleurs du mal*, 1840-1857 : 11 janvier, 4 mars, 22 mai, 9 juin, 22 juin, 20 août, 5 octobre, 7 novembre, 27 novembre | *Le Spleen de Paris* (*Petits poèmes en prose*), 1869 : 20 avril

Joachim du Bellay, *Les Regrets*, 1557 : 4 août

Sandra Benitez, *Et la mer se souvient*, 1996. Traduction Michelle Tran Van Kai. © Mercure de France, Paris, 1997 : 2 mai

Ambrose Bierce, *Dictionnaire du diable*, 1911. Traduction Bernard Sallé. © Éditions Rivages, Paris, 1989 : 1er avril

Nicolas Boileau, *Art poétique*, 1674 : 6 septembre

Alain Bombard, *Au-delà de l'horizon*. © Presses de la cité, Paris, 1980 : 29 janvier, 6 mars, 12 novembre

Théodore Botrel, *Chansons pour l'école et le foyer*, 1903 : 29 septembre

Fernand Braudel, *La Méditerranée*. © Champs-Flammarion, Paris, 1985 : 12 mars

Georges Louis Leclerc, comte de Buffon, *Histoire naturelle*, 1749-1789 : 27 juin

Yosa Buson, *haïku*, 1784 : 1er mai

Dino Buzzati, *Le K*, 1966. Traduction Jacqueline Remillet. © Éditions Robert Laffont, Paris, 1972 : 26 janvier

Pedro Calderón de la Barca, *L'Alcade de Zalamea*, 1644. Traduction Marrast. © Montaigne, Paris, 1959 : 10 septembre

Albert Camus, *L'État de siège*. © Gallimard, Paris, 1948 : 13 janvier | *La Mer au plus près*. © Gallimard, Paris, 1953 : 17 avril | *Noces*. © Gallimard, Paris, 1938 : 15 septembre | *Le Premier Homme* (posthume). © Gallimard, Paris, 1994 : 24 avril

Blaise Cendrars, *Feuilles de route*. © Denoël, Paris, 1924 : 13 juillet, 9 décembre | *Le Panama ou les Aventures de mes sept oncles*, 1918. © Denoël, Paris, 1947 : 19 février

François-René de Chateaubriand, *Mémoires d'outre-tombe*, 1850 : 30 juin, 16 novembre

Andrée Chedid, *Le Sixième Jour*. © Julliard, Paris, 1960 : 4 septembre

André Chénier, *Les Bucoliques*, 1819 : 2 avril, 10 août

Paul Claudel, *Cinq Grandes Odes*, 1904-1910. © La Pléiade-Gallimard, Paris, 1957 : 1er janvier | *Connaissance de l'Est*, 1900-1907. © Mercure de France, Paris, 1907 : 6 décembre | *Corona benignitatis anni Dei*, 1915. © La Pléiade-Gallimard, Paris, 1957 : 29 mai

Jean Cocteau, *Le Cap de Bonne-Espérance*. © Gallimard, Paris, 1919 : 22 mars | *Discours du grand sommeil*. © Gallimard, Paris, 1920 : 9 juillet

Ordonnance de Colbert, 1681 : 30 janvier

Francisco Coloane, *Aux fils de l'écume*, *in Le Monde*, 21 mai 1999. Traduction Hermitt : 26 juin

Christophe Colomb, *La Découverte de l'Amérique*, tome II : *Relations de voyage, 1494-1504*. Traduction Soledad Estorach, Michel Lequenne et François Maspero. © Éditions La Découverte, Paris, 1979 : 29 juillet, 12 septembre, 30 septembre, 10 novembre

Michael Connely, *Créances de sang*, 1998. Traduction Robert Pépin. © Seuil, Paris, 1999 : 19 mars

Joseph Conrad, *Jeunesse*, 1902. Traduction G. Jean-Aubry. © Gallimard, Paris, 2002 : 26 août | *Lord Jim*, 1900. Traduction Henriette Bordenave. © Gallimard, Paris, 1982 : 5 mars | *Le Miroir de la mer*, 1906. Éditions Sillage, Paris, 2005 (traduction G. Jean-Aubry, © Gallimard) : 23 février, 14 avril, 11 juillet, 22 juillet, 22 octobre, 27 décembre | *Typhon*, 1903. Traduction André Gide. © Gallimard, Paris : 8 août

Anita Conti, *Racleurs d'océans*. © Hoëbeke, Paris, 1952 : 10 mars, 10 mai, 4 juin, 28 août, 1er septembre, 19 octobre, 3 décembre, 5 décembre, 13 décembre

Tristan Corbière, *Les Amours jaunes*, 1873 : 11 mai, 23 août, 12 décembre | *Poèmes divers*, 1867 : 19 juillet | *Poèmes en prose*, 1873 : 6 février

Natália Correia, *Cantique du pays émergé*, s.d., *in Anthologie de la poésie portugaise*. Traduction Meyrelles. © Gallimard, Paris, 1971 : 15 avril

Jacques-Yves Cousteau et Frédéric Dumas, *Le Monde du silence*, 1954. © Éditions Robert Laffont, Paris, 1978 : 31 mai

Jacques-Yves Cousteau et Philippe Diolé, *Les Dauphins et la liberté*. © Flammarion, Paris, 1975 : 30 août

Stephen Crane, *Le Bateau ouvert*, 1898. Traduction Pierre Leyris. © Mercure de France, Paris, 1966 : 7 octobre

Richard Henry Dana, *Deux années sur le gaillard d'avant*, 1840. Traduction Simon Leys. © Éditions Robert Laffont, Paris, 2005 : 19 janvier, 5 mai, 12 octobre

Vahagn Davtian, *Lettre*, *in* Rouben Mélik (dir.), *La Poésie arménienne*. Traduction Delouze © Éditeurs français réunis, Paris, 1973 : 14 octobre

Jean-François Deniau, *La mer est ronde*. © Seuil, Paris, 1975 : 25 mars, 31 mars, 13 avril, 6 novembre, 1er décembre

Robert Desnos, *Chantefables et Chantefleurs*. © Éditions Gründ, Paris, 1944 : 6 août

Léo-Paul Desrosiers, *L'Ampoule d'or*. © Gallimard, Paris, 1951 : 12 avril

Mohammed Dib, *Qui se souvient de la mer*. © Seuil, Paris, 1962 : 25 décembre

Léon Dierx, Flots des mers, *Les Lèvres closes*, 1867 : 6 octobre

John Donne, *Poèmes*, XVIIIe siècle. Traduction Fuzier et Denis. © Gallimard, Paris, 1962 : 17 juin

Fedor Dostoïevski, *Les Démons*, 1870. Traduction Boris de Schloezer, années 1930. © Folio-Gallimard, Paris, 1997 : 14 mai

Laurent Drelincourt, Sur la mer, *Sonnets chrétiens sur divers sujets*, 1677 : 8 octobre

Guillaume de Saluste, seigneur Du Bartas, *La Semaine*, 1579 : 26 mars

Marguerite Duras, *L'Amant*. © Les Éditions de Minuit, Paris, 1984 : 9 novembre | *Césarée*. © Mercure de France, Paris, 1979 : 11 décembre | *L'Été 80*. © Les Éditions de Minuit, Paris, 1980 : 15 juillet | *Le Marin de Gibraltar*. © Gallimard, Paris, 1952 : 29 mars

Lawrence Durrell, *Mountolive*, 1958. Traduction Roger Giroux. © Buchet-Chastel, Paris, 1960 : 1er juin

Épictète, *Entretiens*, Ier-IIe siècles. Traduction André Dacier : 20 juin, 13 septembre

Alexandre-Olivier Exquemelin, *Histoire des aventuriers flibustiers*, 1686 : 12 mai, 8 juillet

Timothy Findley, *Guerres*, 1977. Traduction Éric Diacon. © Le Serpent à plumes, Paris, 2001 : 14 juin

Gustave Flaubert, *Dictionnaire des idées reçues*, 1911 (posthume) : 10 avril

Louis-René des Forêts, *Les Mégères de la mer*. © Mercure de France, Paris, 1967 : 9 octobre

Louis Garnerey, *Le Négrier de Zanzibar*, début du XIXe siècle : 3 juin

Charles de Gaulle, Discours de lancement du *France*, 11 mai 1960 : 20 juillet

Théophile Gautier, *Émaux et Camées*, 1852 : 14 mars, 29 juin

André Gide, *Les Nourritures terrestres*. © Gallimard, Paris, 1897 : 27 février

Jean Giraudoux, *La guerre de Troie n'aura pas lieu*. © Grasset, Paris, 1935 : 12 janvier

Laurent Girault-Conti, « Anita Conti. L'œil de la mer. Une femme à bord des chalutiers. 1920-1960 », *in Mémoires de la mer. Cinq siècles de trésors et d'aventures*, © Iconoclaste, Paris, 2005 : 28 mai

Jean Ogier de Gombauld, *Sonnets chrétiens*, 1624 : 10 juin

Remy de Gourmont, *Lettres à Sixtine*, 1887 : 5 février

Julien Gracq, *Liberté grande*. © José Corti, Paris, 1946 : 17 février, 21 mai

Margherita Guidacci, *Italie poétique contemporaine*. Traduction Geneviève Burckhardt. © Éditions du Dauphin, Paris, 1968 : 27 janvier

Eugène Guillevic, *Du domaine*. © Gallimard, Paris, 1977 : 7 mars

Paul Guimard, entretien avec Jacques Jaubert, avril 1976 : 27 mai

Heinrich Heine, *Norderney. Images de voyage*, 1827. Traduction Garnier. © Seghers, Paris, 1963 : 24 mai

Ernest Hemingway, *Le Vieil Homme et la Mer*, 1952. Traduction Jean Dutourd. © Gallimard, Paris, 1953 : 2 février, 28 avril, 9 septembre

José Maria de Heredia, *Les Trophées*, 1893 : 4 janvier, 13 février, 2 mars, 5 avril, 21 avril, 8 mai, 8 juin, 11 août, 31 août, 5 septembre, 1er octobre, 14 décembre

Nâzim Hikmet, *in Anthologie de la poésie turque*. Traduction de Nimet Arzik. © Gallimard, Paris, 1968 : 10 janvier, 8 novembre

Friedrich Hölderlin, *Ô patrie*, 1793, *in Anthologie bilingue de poésie allemande*. Traduction René Lasne. © Stock, Paris, 1943 : 30 juillet

Homère, *L'Odyssée*, IXe-VIIIe siècles av. J.-C. Traduction Victor Bérard : 6 juillet, 4 octobre

Horace, *Odes*, Ier siècle av. J.-C. Traduction F. Villeneuve : 19 septembre

Victor Hugo, *L'Art d'être grand-père*, 1877 : 18 juillet | *Les Contemplations*, 1856 : 9 mars | *La Légende des siècles*, 1859-1863 : 20 mars, 23 juillet, 17 novembre, 26 novembre | *Les Rayons et les Ombres*, 1840 : 28 novembre | *Les Travailleurs de la mer*, 1866 : 8 septembre

John Huston par John Huston. © Pygmalion, Paris, 1982 : 25 août

Max Jacob, *Le Laboratoire central*. © Gallimard, Paris, 1921 : 21 mars

Henry James, *Les Années médianes*, 1897. Traduction Louise Servicen. © Les Lettres nouvelles, 1972 : 15 décembre

Francis Jammes, *De l'Angelus de l'aube à l'Angelus du soir*, 1888-1898 : 26 octobre

Alfred Jarry, *Les Minutes de sable mémorial*, 1894 : 16 octobre

Jonas, I, 12, Ancien Testament : 28 février

Jôsô, *in Haïku*. Traduction de Roger Munier. © Librairie Arthème Fayard, Paris, 1978 : 11 novembre

Maurice Kerdrue, *Joliff et Magadur, hommes de mer*. © Éditions de l'Arbre, Montréal, 1943 : 3 février, 30 avril, 20 mai, 28 juin, 25 septembre, 29 octobre

Olivier de Kersauson, *Homme libre, toujours tu chériras la mer*. © Fixot, Paris, 1994 : 17 août

Francis Lacassin, introduction à *L'Ancre de miséricorde* de Pierre Mac Orlan. © Phébus, Paris, 2000 : 11 avril

Louis Lacroix, *Les Derniers Grands Voiliers. Histoire des long-courriers nantais de 1893 à 1931*. © J. Peyronnet & Cie Éditeurs, Paris, 1937 : 17 janvier, 23 juin, 27 juillet, 20 décembre

Jean de La Fontaine, *Élégie aux nymphes de Vaux, pour M. Fouquet*, 1662 : 12 juin | *Fables*, 1668-1694 : 14 novembre

Jules Laforgue, *Moralités légendaires*, 1887 : 20 septembre

Alphonse de Lamartine, *Harmonies poétiques et religieuses*, 1830 : 26 mai, 29 décembre

Björn Larsson, *La Sagesse de la mer*. Traduction Philippe Bouquet. © Grasset, Paris, 2002 : 16 septembre

Lautréamont, *Les Chants de Maldoror*, 1868 : 16 mai, 19 décembre

Jean de La Ville de Mirmont, *L'Horizon chimérique*, 1920 (posthume) : 1er mars

Ponce-Denis Écouchard Lebrun, *Odes*, XVIIIe siècle : 18 octobre

Père Le Gallen, écrivain et prêtre de Belle-Ile-en-Mer, XVIIIe siècle : 14 janvier

Jean de Léry, *Histoire d'un voyage fait en la terre du Brésil*, 1578 : 21 février

Jacques-Yves Le Toumelin, « *Kurun* » *autour du monde : 1949-1952*, 1953. © Flammarion, Paris, 1973 : 3 novembre

Pierre Loti, *L'Inde sans les Anglais*, 1903 : 17 juillet | *Mon frère Yves*, 1883 : 14 septembre | *Voyages (1872-1913)* : 21 août, 25 octobre, 17 décembre

Lucrèce, *De la nature*, Ier siècle av. J.-C. Traduction Henri Clouard. © Garnier-Flammarion, Paris, 1964 : 18 septembre

Stéphane Mallarmé, *Poésies*, 1865 : 1er février, 16 août, 16 décembre

Reine Malouin, *Princesse de nuit*, 1981 : 13 novembre

Manzei, VIIIe siècle. Traduction Gaston Renondeau, in *Anthologie de la poésie japonaise classique*. © Gallimard, Paris, 1971 : 30 décembre

Pierre de Marbeuf, *Recueil des vers*, 1628 : 5 août, 8 décembre

Le Marin (The Seafarer), début du VIIIe siècle. Traduction Émile Pons, 1925 : 7 juin

Matthieu, Évangile selon saint Matthieu, Nouveau Testament : 27 mars

Herman Melville, *Moby Dick*, 1851. Traduction Philippe Jaworski. © Garnier-Flammarion, Paris, 1989 : 3 septembre

Jules Michelet, *La Mer*, 1861 : 3 mars

Bernard Moitessier, *Tamata et l'alliance*. © Arthaud, Paris, 1993 : 5 novembre

Henry de Monfreid, *Le Récif maudit*. © Flammarion, Paris, 1961 : 16 avril, 25 avril, 7 septembre, 23 septembre, 20 novembre | *Sir Henry Middleton*, 1941. © Succession Henry de Monfreid : 11 février, 20 février, 18 novembre

Jean Moréas, *Le Pèlerin passionné*, 1897 : 22 février | *Stances*, 1899-1900 : 15 mai, 20 octobre

Alfred de Musset, *Premières poésies*, 1852 : 11 mars

Émile Nelligan, *Poésies complètes*, 1952 (posthume). © La Table ronde, Paris, 1998 : 9 avril

Pablo Neruda, *Né pour naître* (posthume). Traduction Claude Couffon. © Gallimard, Paris, 1980 : 18 août

Paul Nizan, *Aden Arabie*, 1931. © François Maspero, Paris, 1976 : 6 mai, 30 octobre

Anna de Noailles, *Le Cœur innombrable*, 1901 : 27 octobre

Onitsura, *in Haïku*. Traduction de Roger Munier. © Librairie Arthème Fayard, Paris, 1978 : 16 mars

Ovide, *Les Héroïdes*, vers -23 av. J.-C. Traduction Marcel Prévost, 1838 : 16 janvier, 17 mars, 23 mai, 15 octobre, 30 novembre | *Les Pontiques*, vers l'an 10. Traduction Chantal Labre. © Arléa, Paris, 1999 : 24 décembre

Marcel Pagnol, *Fanny*. © Fasquelle, Paris, 1931 : 31 juillet

Serge Patient, *in Littérature antillaise*. © Éditions Desormeaux, Fort-de-France, 1971 : 24 juin

Charles Péguy, *La Ballade du cœur qui a tant battu*, 1910-1912 : 18 décembre

Édouard Peisson, *La mer est un pays secret*. © Grasset, Paris, 1946 : 21 novembre

Arturo Pérez-Reverte, *Le Cimetière des bateaux sans nom*, 2000. Traduction François Maspero. © Seuil, Paris, 2001 : 24 octobre

Fernando Pessoa, *Message*, 1934. Traduction Michel Chandeigne et Patrick Quillier, © Christian Bourgois, Paris : 3 mai, 10 octobre | *Ode maritime*, 1915. Traduction Michel Chandeigne et Pierre Léglise-Costa. © Christian Bourgois, Paris, 1988 : 7 avril, 13 mai, 15 août

Philippe II, après la destruction de l'*Invincible Armada*, 1588 : 16 février

Platon, *Critias*, 500 av. J.-C. Traduction Léon Robin, © Gallimard, Paris, 1967 : 11 juin

Pline l'Ancien, *Histoire naturelle*, Ier siècle. Traduction Émile Littré, 1848 : 8 janvier, 2 juillet

Pline le Jeune, *Lettres à Tacite*, Ier siècle. Traduction Émile Littré, 1829 : 24 février

Plutarque, *Vies parallèles*, Ier siècle. Traduction Anne-Marie Ozanam. © Gallimard, Paris, 2001 : 24 juillet

Jacques Prévert, *Paroles*. © Gallimard, Paris, 1946 : 18 janvier, 6 juin

Giacomo Puccini, *Madame Butterfly*, 1924 : 10 février

Henri Queffélec, *Frères de la brume*. © Succession Henri Queffélec / Omnibus : 2 novembre | *Tempête sur Douarnenez*. © Mercure de France, Paris, 1951 : 3 janvier

François Rabelais, *Le Quart Livre*, 1552 : 7 janvier, 7 août

Racine, *Phèdre*, 1677 : 26 février

Michel Ragon, *Le Marin des sables*. © Albin Michel, Paris, 1987 : 25 juillet

Celia Rees, *Mémoires d'une pirate*, 2003. Traduction Anne-Judith Descombey. © Seuil, Paris, 2004 : 5 juillet, 13 octobre, 22 décembre

José Régio *in Le Chant des paroles. Poètes portugais (dans le répertoire de la chanteuse Amália Rodrigues)*. Traduction Jean-Jacques Lafaye. © Éditions Lusophone, Paris, 1965 : 25 juin, 25 novembre

Jules Renard, *Journal*, 1887-1910 : 15 janvier, 30 mai, 22 novembre, 26 décembre

Arthur Rimbaud, *Poésies*, 1891 : 22 janvier, 18 février, 3 avril, 13 août, 24 septembre, 19 novembre | *Une saison en enfer*, 1873 : 17 mai

Jean-Christophe Rufin, « L'aventurier de la mer Rouge. Henry de Monfreid, autoportrait en images, 1912-1930 », *in Mémoires de la mer. Cinq siècles de trésors et d'aventures*, © Iconoclaste, Paris, 2005 : 24 janvier

Marc-Antoine de Girard, sieur de Saint-Amand, *Poésies*, 1629-1658 : 2 août

Saint Augustin, *Les Confessions*, 400 av. J.-C. Traduction Arnauld d'Andilly, XVIIe siècle : 29 août

Saint-John Perse, *Amers*. © Gallimard, Paris, 1957 : 18 mars, 30 mars | *Éloges*. © Gallimard, Paris, 1911 : 4 juillet

Bernardin de Saint-Pierre, *Paul et Virginie*, 1789 : 21 décembre

Carl Sandburg, *Smoke and Steel [Fumée et acier]*, New York, Harcourt, Brace and Cie, 1920 : 26 juillet

Saito Sanki, *haïku*, XXe siècle : 25 mai

Pierre Schoendoerffer, *Le Crabe-Tambour*. © Grasset, Paris, 1976 : 4 avril, 18 juin

William Shakespeare, *Le Marchand de Venise*, 1596. Traduction François-Victor Hugo, 1947 : 2 décembre

Abü Shakour, poème persan, Xe siècle. Traduction Lazard, *in Librairie d'Amérique et d'Orient*. © Éditions Adrien Maisonneuve, Paris, 1964 : 28 mars

Sam Sheppard, *Lune faucon*. Traduction Pierre Joris. © Christian Bourgois, Paris, 1985 : 15 février, 7 décembre

Georges Simenon, *Long cours*. © Gallimard, Paris, 1936 : 23 mars, 21 juillet | *La Marie du port*. © Gallimard, Paris, 1938 : 1er novembre

Charles Simmons, *Les Locataires de l'été*, 1998. Traduction Éric Chédaille. © Phébus, Paris, 1999 : 17 octobre

Yun Son-Do, *in Anthologie de la poésie coréenne*. Traduction Hyun et Mine. © Saint-Germain-des-Prés, Paris, 1972 : 2 octobre

Madame de Staël, *Corinne ou l'Italie*, 1807 : 23 avril, 14 juillet

John Steinbeck, *Rue de la Sardine*, 1945. Traduction Magdeleine Paz. © Gallimard, Paris, 1974 : 23 janvier

Jules Supervielle, *Débarcadères*. © Gallimard, Paris, 1922 : 8 avril, 26 avril | *L'Enfant de la haute mer*, 1931. © Gallimard, Paris, 1972 : 16 juillet | *Gravitations*. © Gallimard, Paris, 1925 : 25 janvier

Publius Syrus, *Sentences*, Ier siècle av. J.-C. Traduction Jules Chenu, 1835-1836 : 6 janvier

Éric Tabarly, *Pen Duick VI*. © Éditions du Pen Duick-Arthaud, Paris, 1974 : 15 mars, 19 avril, 28 septembre, 21 octobre

Teitoku, *haïku*, XVIIe siècle : 18 mai

Paul-Jean Toulet, *Les Contrerimes*, 1921 : 22 avril, 28 octobre

Anne de Tourville, *Femmes de la mer*. © Presses de la cité, Paris, 1958 : 15 novembre

Paul Valéry, *Le Cimetière marin*. © Gallimard, Paris, 1922 : 31 décembre | *La Jeune Parque*, 1917. © Gallimard, Paris : 20 janvier, 24 août

Roger Vercel, *Sous le pied de l'archange*, 1937. © Albin Michel, Paris, 1996 : 19 mai

Émile Verhaeren, *La Multiple Splendeur*, 1906 : 25 février

Paul Verlaine, *Sagesse*, 1880 : 12 juillet

Jules Verne, *Les Enfants du capitaine Grant*, 1867-1868 : 27 septembre | *Le Rayon vert*, 1882 : 15 juin | *Vingt mille lieues sous les mers*, 1870 : 16 juin

Alfred de Vigny, *Les Destinées*, 1864 : 3 juillet | *Poèmes antiques et modernes*, 1822 : 19 juin

Léonard de Vinci, *Prophéties*, XVIe siècle. Traduction Louise Servicen. © Gallimard, Paris, 2005 : 29 avril

Virgile, *Les Bucoliques*, 40 av. J.-C. Traduction Maurice Rat, 1932 : 17 septembre | *Géorgiques*, 37-35 avant J.-C. Traduction Alain Michel et Jeanne Dion, Philippe Heuzé. © Imprimerie nationale, Paris, 1997 : 26 septembre

Voltaire, *Zadig ou la Destinée*, 1748 : 5 janvier

Walt Whitman, *Feuilles d'herbe*, 1855. Traduction Jacques Darras. © Grasset, Paris, 1989 : 2 juin

Virginia Woolf, *La Promenade au phare*, 1927. Traduction M. Lanoire. © Stock, Paris, 1929 : 1er août

Apostolo Zeno (adaptation de Carlo Goldoni), *Griselda* (opéra d'Alessandro Scarlatti), 1721 : 10 décembre

LÉGENDES DES PHOTOS

1er janvier : Fin de journée à Venise, Italie.

2 janvier : Pêcheur irlandais.

3 janvier : Passage des Béniguets, Morbihan, France.

4 janvier : Départ de jangadas avant le lever du soleil, Caponga, Brésil.

5 janvier : Gros plan sur les voiles de la *Marie Fernand*.

6 janvier : Drisses du *Belem*.

7 janvier : Phare aux Bermudes.

8 janvier : Éleveur de moules de bouchot, baie du Mont-Saint-Michel, Manche, France.

9 janvier : Essaouira, Maroc.

Double suivante : *Mariquita* lors des « Voiles de Saint-Tropez », Var, France.

10 janvier : Équipage de l'*Esmeralda* dans la mâture.

11 janvier : Ile de Faial, Açores, Portugal.

12 janvier : Bateau de pêche en rivière d'Auray, Morbihan, France.

13 janvier : Jetée à Saint-Jean-de-Luz, Pyrénées-Atlantiques, France.

14 janvier : Ile Louët, Finistère, France.

15 janvier : Parcs de moules à l'embouchure de la Vilaine, Morbihan, France.

16 janvier : Sur la plage de Kovalam, Kerala, Inde.

17 janvier : Nœud marin sur le *HMS Rose*.

Double suivante : Canot de pêche dans le golfe du Pirée, Grèce.

18 janvier : Chantier maritime à Alexandrie, Égypte.

19 janvier : Hélice de cargo en réparation à Brest, Finistère, France.

20 janvier : Petit chalutier en Irlande.

21 janvier : Caisses de poissons.

22 janvier : Détail d'un bateau de pêche, Irlande.

23 janvier : Port d'Essaouira, Maroc.

24 janvier : Venise, Italie.

25 janvier : Pêcheur à Kochi, Kerala, Inde.

26 janvier : Pêche à pied en rivière d'Étel, Morbihan, France.

Double suivante : Sur la plage de Kovalam, Kerala, Inde.

27 janvier : Sur une plage de la baie de Vigo, Espagne.

28 janvier : Pêche côtière.

29 janvier : Paysage littoral du Ceará, Brésil.

30 janvier : Phare de Quoddy Head, Maine, États-Unis.

31 janvier : Ile de Ventotene, Italie.

1er février : Mer d'huile.

2 février : Canot à clin, Nouvelle-Zélande.

3 février : Reflet du phare de Saint-Pierre-et-Miquelon, France.

4 février : Retour de pêche sur la plage de Dakar, Sénégal.

Double suivante : Jangadas en pêche, Ceará, Brésil.

5 février : Bateau de pêcheur.

6 février : Fortaleza, Ceará, Brésil.

7 février : Kochi, Kerala, Inde.

8 février : Plate sous la neige.

9 février : Bouées de casiers, Maine, États-Unis.

10 février : Remorqueur *Abeille Bourbon*.

11 février : À bord du monocoque *Phantom*.

12 février : Filet de pêche.

Double suivante : Épaves à marée basse dans la rivière du Blavet, Morbihan, France.

13 février : Venise, Italie.

14 février : Voilure sur *Shenandoah*.

15 février : Régate de 12 mètres à Newport, Maine, États-Unis.

16 février : Tasmanie, Australie.

17 février : Bateau sur le chemin tracé par un brise-glace pour atteindre le port d'Oulu, Finlande.

18 février : Construction navale.

19 février : Pêche au casier, Oman.

20 février : *Nan*, lancé en 1896, est le plus ancien plan Fife navigant de nos jours, France.

Double suivante : Port Clyde, Maine, États-Unis.

21 février : Bateaux de pêche à Essaouira, Maroc.

22 février : Pêcheur dans sa plate.

23 février : Balise de Goemoran, golfe du Morbihan, France.

24 février : Saint-Philibert au matin, Morbihan, France.

25 février : *HMS Rose*.

26 février : Chenal du Four, Finistère, France.

27 février : Étraves de bateaux de pêche à Kochi, Kerala, Inde.

28 février : Bouée couronne à bord d'une plate de Horta, île de Faial, Açores, Portugal.

1er mars : *Le Vieux Copain*, cotre palangrier, « Brest 1996 », Finistère, France.

2 mars : Cabane d'ostréiculture, Hudson River, État de New York, États-Unis.

3 mars : Petit matin à La Trinité-sur-Mer, Morbihan, France.

4 mars : Phare de Lost-Pic, Côtes-d'Armor, France.

5 mars : Bateau de pêche à Istanbul, Turquie.

6 mars : Marins en train de ferler les voiles.

7 mars : Matériel de pêche sur le quai de l'île de Batz, Finistère, France.

8 mars : Immatriculation de bateau de pêche, Morbihan, France.

9 mars : *Tuiga*.

10 mars : Le canot de sauvetage *François Morin* lors de l'une de ses dernières sorties, île d'Ouessant, Finistère, France.

Double suivante : Sur la plage de Vilinjam, Kerala, Inde.

11 mars : Quai San Marco, Venise, Italie.

12 mars : Village flottant, baie d'Along, Viêtnam.

13 mars : Baleinière à l'entraînement, île de Faial, Açores, Portugal.

14 mars : « Les Voiles de Saint-Tropez », 2005, Var, France.

15 mars : Phare de l'île Vierge, Finistère, France.

16 mars : Perche dans l'embouchure de la Vilaine, Morbihan, France.

17 mars : Petites embarcations dans les îles Orcades, Écosse.

18 mars : Étrave de bateau à Malte.

Double suivante : Coucher de soleil sur l'île de Pico, Açores, Portugal.

19 mars : Port de pêche, Bombay, Maharashtra, Inde.

20 mars : Pêcheurs réparant un filet.

21 mars : Chantier du Guip, île aux Moines, Morbihan, France.

22 mars : Sur une plage du Massachusetts, États-Unis.

23 mars : Balises.

24 mars : Sur une plage de Camocin, Ceará, Brésil.

25 mars : Balise au coucher du soleil.

26 mars : *Celtina*, monotype de 7,50 mètres.

27 mars : Phare de Cordouan, Gironde, France.

Double suivante : Phare des Triagoz, Côtes-d'Armor, France.

28 mars : Baleinière aux Açores, Portugal.

29 mars : *Tuiga*.

30 mars : Mise à l'eau d'une jangada, Ceará, Brésil.

31 mars : Étrave du porte-container *CMA CGM Fidelio*.

1er avril : Sous-marin nucléaire lanceur d'engins (SNLE) en rade de Brest, Finistère, France.

2 avril : Épave à l'entrée du Bosphore, Istanbul, Turquie.

3 avril : Balise proche de Saint-Malo, Ille-et-Vilaine, France.

4 avril : Iles de la Madeleine, Québec, Canada.

5 avril : Les Ecrehous, îles Anglo-Normandes, Grande-Bretagne.

Double suivante : Phare en Norvège.

6 avril : Polperro, Cornouailles, Grande-Bretagne.

7 avril : La capitainerie du port de Camden, Maine, États-Unis.

8 avril : Marché aux poissons à Istanbul, Turquie.

9 avril : Bassin de radoub à Fort-de-France, Martinique, France.

10 avril : Canot de pêche aux îles Chausey, Manche, France.

11 avril : Dans le port de Bangkok, Thaïlande.

12 avril : Filet de pêche.

Double suivante : Côte d'Achill Island, Irlande.

13 avril : Voilier de travail.

14 avril : Peinture de la ligne de flottaison du *Queen Mary* 2.

15 avril : Petite pêche devant l'île de Faial, Açores, Portugal.

16 avril : Gommier sur des hauts fonds, Martinique.

17 avril : Récolte dans les marais salants de Guérande, Loire-Atlantique, France.

18 avril : Équipage de l'*Esmeralda* sur les vergues pendant l'« Armada de Rouen », Seine-Maritime, France.

19 avril : Monocoque *Baume & Mercier* lors de la « Route du Rhum ».

20 avril : Trouée au-dessus d'un bateau de pêche.

21 avril : Point Reyes, Californie, États-Unis.

22 avril : Pirogue à Kochi, Kerala, Inde.

23 avril : Régate en baie de Quiberon, Morbihan, France.

24 avril : Dans le port de Colón, les navires attendent leur tour pour traverser le canal de Panamá.

25 avril : Langoustier rentrant au port en fin de journée.

Double suivante : Sous-marin nucléaire lanceur d'engins (SNLE) au départ de Toulon, Var, France.

26 avril : Jeu de lumière dans les voiles de la *Pauline*.

27 avril : Bateau en construction au chantier du Guip, Morbihan, France.

28 avril : Petite pêche.

29 avril : Porte d'un chantier maritime en Galice, Espagne.

30 avril : À bord de *Candida*, « Les Voiles de Saint-Tropez », Var, France.

1er mai : Dans le port de Kochi, Kerala, Inde.

2 mai : Bouées de casiers, Maine, États-Unis.

3 mai : Ile de Skye, Écosse.

Double suivante : Ponton ostréicole en rivière de Crach, Morbihan, France.

4 mai : Pêcheurs de homards, îles de la Madeleine, Québec, Canada.

5 mai : Phare dans les îles Keys, Floride, États-Unis.

6 mai : Feu du port de Horta devant le volcan Pico, Açores, Portugal.

7 mai : Ferry sur le Bosphore, Istanbul, Turquie.

8 mai : Fin de journée sur le canal de Panamá, embouchure de l'océan Pacifique.

9 mai : Vedette de la Gendarmerie maritime.

10 mai : Déco marine, Cape Cod, Massachusetts, États-Unis.

11 mai : Phare de Kollam, Kerala, Inde.

12 mai : Pêcheur dans le port de Vilinjam, Kerala, Inde.

Double suivante : Pêcheur à l'épervier dans les Backwaters, Kochi, Inde.

13 mai : Construction de l'*Hermione* à la Corderie royale, Rochefort, Charente-Maritime, France.

14 mai : Épaves dans un cimetière marin au Portugal.

15 mai : Plage polluée sur la Côte d'Amour, Loire-Atlantique, France.

16 mai : Ponton ostréicole.

17 mai : Reflets de voilure.

18 mai : Matériel de pêche.

19 mai : Bateau de pêche dans le golfe du Morbihan, France.

20 mai : Essaouira, Maroc.

21 mai : Lever de lune à Cap-Ferret, Gironde, France.

Double suivante : Les marais salants de Guérande, Loire-Atlantique, France.

22 mai : À l'entrée de la rivière d'Étel, Morbihan, France.

23 mai : Port de Sauzon, Belle-Ile-en-Mer, Morbihan, France.

24 mai : Pirogue sur l'Orénoque, Venezuela.

25 mai : Pêcheurs à Redcastle, Donegal, Irlande.

26 mai : Phare proche d'Helsinki, Finlande.

27 mai : Ponton ostréicole en rivière d'Étel, Morbihan, France.

28 mai : Matériel de pêche à la ligne.

29 mai : Filet de pêche.

30 mai : Épave de thonier dans la rivière d'Étel, Morbihan, France.

31 mai : Chalutier échoué sur le littoral écossais.

Double suivante : Rouleau devant Inisheer, îles d'Aran, Irlande.

1er juin : Port de Portland, Maine, États-Unis.

2 juin : Pêcheursà l'île de Faial, Acores, Portugal.

3 juin : Coque de cargo dans le port du Pirée, Grèce.

4 juin : Petits caseyeurs, côte ouest de l'Écosse.

5 juin : Mont-Saint-Michel, Manche, France.

6 juin : Bateau de pêche dans l'Aber-Wrach, Finistère, France.

7 juin : Réparation de filets de pêche, Madagascar.

8 juin : Archipel de San Blas, Panamá.

9 juin : Proue d'un sloop coquiller.

10 juin : Parc à moules de bouchot, baie du Mont-Saint-Michel, Manche, France.

Double suivante : Baie de Lampaul, île d'Ouessant, Finistère, France.

11 juin : « Les Voiles de Saint-Tropez », 2004, Var, France.

12 juin : *Baume & Mercier*, « Route du Rhum », 1998.

13 juin : Trois-mâts entrant dans le port de Douarnenez, Finistère, France.

14 juin : La frégate *HMS Rose*.

15 juin : Caseyeur sur la Rance, Ille-et-Vilaine, France.

16 juin : Tourelle, baie de Morlaix, Finistère, France.

17 juin : Pontons ostréicoles en rivière du Trieux, Côtes-d'Armor, France.

18 juin : Brise-glace en mer Baltique, golfe de Botnie, Finlande.

Double suivante : Petite pêche au crépuscule.

19 juin : *Moonbeam III* aux « Voiles de Saint-Tropez », 2004, Var, France.

20 juin : Vieux gréements à Douarnenez, Finistère, France.

21 juin : Lever de soleil sur la baie de Tokyo, Japon.

22 juin : Sur le pont de *Shenandoah*.

23 juin : *Shenandoah* dans les eaux néo-zélandaises.

24 juin : Les Asturies, Espagne.

25 juin : Bateau de pêche, Irlande.

26 juin : Voile de *Shenandoah*.

27 juin : Loch d'Ullapool, Highlands, Écosse.

Double suivante : Détroit de Messine, Sicile, Italie.

28 juin : Affalage sur *Shenandoah*.

29 juin : Ile Louët, Finistère, France.

30 juin : Ile aux Oiseaux, bassin d'Arcachon, Gironde, France.

1er juillet : Étrave d'un caseyeur, Maine, États-Unis.

2 juillet : Ostréiculteur en drague dans la baie de Morlaix, Finistère, France.

3 juillet : Dune du Pilat, France.

4 juillet : Mâture du *Belem*.

5 juillet : Gommiers sur une plage de Martinique.

6 juillet : Maisons près de Bergen, Norvège.

7 juillet : Cabane de pêche, Loire-Atlantique, France.

8 juillet : Le *Dewaruci*, navire-école de la Marine indonésienne, « Armada de Rouen », 2003, Seine-Maritime, France.

9 juillet : *Mariquita* durant « Les Voiles de Saint-Tropez », Var, France.

10 juillet : Bateau de pêche en baie de Morlaix, Finistère, France.

11 juillet : Pontons ostréicoles en baie de Bourgneuf-en-Retz, Loire-Atlantique, France.

12 juillet : Phare de Goulphar, Morbihan, France.

Double suivante : Le trois-mâts goélette *Shenandoah* en Nouvelle-Zélande.

13 juillet : Affalage de spi sur *Ville de Paris* lors de l'« America's Cup ».

14 juillet : Phare de la Madonetta, Corse, France.

15 juillet : Le *Queen Mary 2* en escale dans les Caraïbes, Sainte-Lucie, Petites Antilles.

16 juillet : *Tuiga* durant « Les Voiles de Saint-Tropez », Var, France.

17 juillet : Reflet du Mont-Saint-Michel, Manche, France.

18 juillet : Bateau de pêche sortant de Port-Rhu, Finistère, France.

19 juillet : Manœuvre sous spi, « Les Voiles de Saint-Tropez », Var, France.

20 juillet : Bateau de croisière *Le Ponnant*.

21 juillet : Petit bateau de pêche, îles de Glénan, Finistère, France.

22 juillet : Petite pêche dans le pays bigouden, Finistère, France.

23 juillet : Ifaty, Madagascar.

24 juillet : Pêche dans le raz de Sein, Finistère, France.

25 juillet : Régate de yoles à la Martinique.

26 juillet : Canal de Suez, Égypte.

27 juillet : Épaves de thoniers dans le Blavet, Morbihan, France.

28 juillet : Pêche à la senne, Martinique, France.

29 juillet : Traversée de l'Atlantique sur un prao, entre La Rochelle et La Nouvelle-Orléans.

Double suivante : Filets de pêche sur la plage d'Anakao, Madagascar.

30 juillet : Pêcheur à l'épervier dans les Backwaters, Kochi, Inde.

31 juillet : Archipel de San Blas, Panamá.

1er août : Pêche de nuit aux Açores, Portugal.

2 août : Phare de Tévennec, Finistère, France.

3 août : Balise cardinale Ouest.

4 août : Village de pêcheurs à Sainte-Lucie, Petites Antilles.

5 août : Maison sur pilotis en Grèce.

6 août : Macareux.

7 août : Le remorqueur de haute mer *Abeille Bourbon* au large d'Ouessant, Finistère, France.

8 août : Sauvetage en mer.

Double suivante : Pirogues sur l'Orénoque, Venezuela.

9 août : Boutre malgache en route vers Nosy Be, Madagascar.

10 août : Phare du Four, Finistère, France.

11 août : Fair Isle North, Écosse.

12 août : Anakao, Madagascar.

13 août : Madagascar.

14 août : Plage de sable noir en Polynésie-Française.

15 août : Senne sur une île en face d'Anakao, Madagascar.

16 août : *Cuauhtémoc*, le navire-école de la Marine mexicaine, « Armada de Rouen », 2003, Seine-Maritime, France.

17 août : *Cambria* durant « Les Voiles de Saint-Tropez », Var, France.

18 août : Paquebot en escale dans le port de la Valette, Malte.

19 août : La tour d'Hercule en Galice, Espagne.

20 août : Dans la mature du *Ponnant*.

21 août : Terre-Neuve, Canada.

22 août : Bateau de pêche à Essaouira, Maroc.

23 août : Rassemblement de yachts classiques pour « La Nioulargue », Saint-Tropez, Var, France.

Double suivante : Rivière d'Étel, Morbihan, France.

24 août : Canal de Beagle, Patagonie.

25 août : Archipel de San Blas, Panamá.

26 août : Pirogue en Polynésie-Française.

27 août : Casiers de pêche.

28 août : Caboteur irlandais à la sortie de Port-Rhu, Finistère, France.

29 août : Loch Ness, Écosse.

30 août : Bateau de la SNSM (Société nationale de sauvetage en mer), Audierne, Finistère, France.

31 août : Tempête sur Les Poulains, Belle-Ile-en-Mer, Morbihan, France.

1er septembre : Gardien sur le phare de Kéréon, Finistère, France.

2 septembre : Décoration de maison aux îles Lofoten, Norvège.

3 septembre : Ancre du *Queen Mary 2*.

4 septembre : Partie de pêche en pinasse dans le bassin d'Arcachon, Gironde, France.

5 septembre : L'*Esmeralda*.

6 septembre : Chinese nets, devant Kochi, Kerala, Inde.

7 septembre : Passage des Béniguets, Morbihan, France.

8 septembre : Ram Island Ledge Light, Maine, États-Unis.

9 septembre : Pirogue à balancier, Madagascar.

Double suivante : Bateau de croisière *Le Ponnant*.

10 septembre : Retour de pêche à Saint-Pierre, Saint-Pierre-et-Miquelon, France.

11 septembre : Digue du port de Horta, Açores, Portugal.

12 septembre : Phare du Créac'h, Finistère, France.

13 septembre : Bouées, Finistère, France.

14 septembre : Chalutier lorientais, Morbihan, France.

15 septembre : Port de Colón sur la côte atlantique du Panamá, abri pour les bateaux avant de passer sur le canal.

16 septembre : Festivités dans le port de Marseille, à l'occasion de la « Louis Vuitton Cup », 2003, Bouches-du-Rhône, France.

17 septembre : Départ pour la pêche à la sardine au coucher du soleil, Loire-Atlantique, France.

18 septembre : Ciel de grain sur Caponga, Ceará, Brésil.

19 septembre : Iles de Lérins en été, à 6 h 30 du matin, Alpes-Maritimes, France.

20 septembre : Feu du port de Horta, Açores, Portugal.

21 septembre : L'Abri du marin à Sainte-Marine, Finistère, France.

22 septembre : Paysage littoral de Rockland, Maine, États-Unis.

Double suivante : Phare de Tévennec dans le raz de Sein, Finistère, France.

23 septembre : Ciel nuageux sur Caponga, Ceará, Brésil.

24 septembre : Cap Horn, Chili.

25 septembre : Baleinière aux Açores, Portugal.

26 septembre : Départ pour la pêche à Caponga, Ceará, Brésil.

27 septembre : Phare de Portland, Maine, États-Unis.

28 septembre : Le port de plaisance d'Arcachon, Gironde, France.

29 septembre : Voilier traditionnel sous spi.

30 septembre : Bateau de croisière *Le Ponnant*.

1er octobre : Surf sur Sandy Beach, Cornouailles, Grande-Bretagne.

2 octobre : Parc à moules dans l'anse de L'Aiguillon-sur-Mer, Vendée, France.

3 octobre : Déchargement de pêche dans le port de Newlyn, Cornouailles, Grande-Bretagne.

4 octobre : Senne sur la plage, Trivandrum, Kerala, Inde.

5 octobre : Immatriculation de bateau de pêche, Morbihan, France.

6 octobre : Le port d'Erquy, Côtes-d'Armor, France.

7 octobre : Kovalam, Kerala, Inde.

8 octobre : Pêcheurs de télines, îles de la Madeleine, Québec, Canada.

9 octobre : Mise à l'eau d'une pirogue à Ifaty, Madagascar.

10 octobre : Ile de Desroches, Seychelles.

11 octobre : Ferry et voilier de travail.

12 octobre : Pêcheurs au travail.

13 octobre : Filet de pêche à quai.

Double suivante : Lever de soleil sur le cap Fréhel, Côtes-d'Armor, France.

14 octobre : Construction navale à Venise, Italie.

15 octobre : Reflet dans le port de Marseille, Bouches-du-Rhône, France.

16 octobre : Départ pour la pêche à Vilinjam, Kerala, Inde.

17 octobre : *Endeavour* et *Shamrock V* bord à bord.

18 octobre : *Prada* sous spi, lors de l'« America's Cup ».

19 octobre : Mâture du *Belem*.

20 octobre : Race Point Light, Massachusetts, États-Unis.

21 octobre : Relève du gardien de phare sur Kéréon, Finistère, France.

22 octobre : Canot de sauvetage le *Prince d'Ekhmül*.

23 octobre : Ponton ostréicole en baie de Quiberon, Morbihan, France.

24 octobre : Cabane de pêche en Martinique.

25 octobre : Plage en Nouvelle-Zélande.

26 octobre : Amarrage d'une jonque dans la baie d'Along, Viêtnam.

27 octobre : Fin de journée sur Shediac, Canada.

28 octobre : Pirogue sous voile à Ifaty, Madagascar.

29 octobre : Mise en place du gréement d'une pirogue sur le départ, Madagascar.

30 octobre : Retour de pêche à Vilinjam, Kerala, Inde.

Double suivante : Coucher de soleil dans la baie d'Along, Viêtnam.

31 octobre : Scène de pêche en Grèce.

1er novembre : Pontons ostréicoles dans la rivière de Crach, Morbihan, France.

2 novembre : Mystic Seaport, Connecticut, États-Unis.

3 novembre : Affalage.

4 novembre : Régate devant l'île de Wight, Angleterre.

5 novembre : Bateau de pêche, Massachusetts, États-Unis.

6 novembre : Ostréiculture en Vendée, France.

7 novembre : Pêche en baie de Quiberon, Morbihan, France.

8 novembre : Le *Queen Mary 2* arrivant à Fort-de-France, Martinique, France.

9 novembre : Un soir sur le pont du *Ponnant*.

10 novembre : Bouées de casiers, Maine, États-Unis.

11 novembre : À bord d'une pirogue sous voile, Ifaty, Madagascar.

12 novembre : Baptême d'*Il Moro de Venezia* à Venise, Italie.

Double suivante : Bateaux de plaisance au mouillage, en août, à Cap-Ferret, Gironde, France.

13 novembre : Desroches, Seychelles.

14 novembre : Plage de Kollam, Kerala, Inde.

15 novembre : Remise en place de la senne après la pêche, Madagascar.

16 novembre : Le nord du Donegal, Irlande.

17 novembre : Ciel nuageux.

18 novembre : Tempête d'hiver sur Penmarch, Finistère, France.

19 novembre : Phare du Four, Finistère, France.

20 novembre : Phare du Four, Finistère, France.

21 novembre : Canot d'Ouessant devant le phare de la Jument, Finistère, France.

22 novembre : Sur une plage des Seychelles.

23 novembre : Un moine récupère les offrandes des habitants sur les canaux de Bangkok, Thaïlande.

24 novembre : Le port de pêche de Vilinjam, Kerala, Inde.

25 novembre : Filets de pêche dans le port d'Istanbul, Turquie.

26 novembre : Goélette et grand voilier.

27 novembre : Cimetière marin du Bono, Morbihan, France.

28 novembre : La tour d'Hercule, Galice, Espagne.

29 novembre : À bord du *Belem*.

30 novembre : *Orion* lors de la « Cowes Week », île de Wight, Angleterre.

1er décembre : « Cowes Week », île de Wight, Angleterre.

Double suivante : Ciel de grain sur Caponga, Ceará, Brésil.

2 décembre : En remontant la mer Rouge vers le canal de Suez, Égypte.

3 décembre : Fortune de mer devant Les Sables-d'Olonne, Vendée, France.

4 décembre : Port de Sauzon, Belle-Ile-en-Mer, Morbihan, France.

5 décembre : Plate-forme pétrolière en mer du Nord.

6 décembre : Proue du *Belem*.

7 décembre : Nosy Be, Madagascar.

8 décembre : Boutres malgaches au petit matin, Anakao, Madagascar.

Double suivante : Le *Queen Mary 2* dans le gros temps.

9 décembre : Ram Island Ledge Light, Maine, États-Unis.

10 décembre : Départ pour la pêche à Caponga, Ceará, Brésil.

11 décembre : Coucher de soleil sur Vilinjam, Kerala, Inde.

12 décembre : Port Clyde dans l'État du Maine, États-Unis.

13 décembre : Pêche à la senne au Carbet, Martinique, France.

14 décembre : Phare du cap Béar, Var, France.

15 décembre : Rivière de Crach, Morbihan, France.

16 décembre : Vol d'aigrettes sur un récif de Nosy Be, Madagascar.

17 décembre : Balise cardinale Nord.

18 décembre : Manœuvre sur spi.

19 décembre : Petite prise sur le récif, Ifaty, Madagascar.

20 décembre : Bateau traditionnel, Portugal.

21 décembre : Monocoque dans la baie de Figari, Corse, France.

Double suivante : Desroches, Seychelles.

22 décembre : Le porte-avions *Clemenceau*.

23 décembre : À bord de la *Jeanne d'Arc*.

24 décembre : Le cimetière Vezo, Anakao, Madagascar.

25 décembre : Pêcheur à l'épervier dans les Backwaters, Kochi, Kerala, Inde.

26 décembre : Plage de Valparaíso, Chili.

27 décembre : Contre la coque de la jonque en baie d'Along, Viêtnam.

28 décembre : Pêche à la ligne sur le canal de Suez, Égypte.

29 décembre : Phare de Nividic au large des côtes d'Ouessant, Finistère, France.

30 décembre : Mouette sur un canot de pêche, Morbihan, France.

31 décembre : Sur les hauts fonds, en face d'Ifaty, Madagascar.

Toutes les photographies de cet ouvrage sont de Philip Plisson, à l'exception de celles figurant aux pages suivantes :

6 janvier, 24 février, 12 avril, 19 avril, double page suivant le 3 mai, 14 mai, 4 juillet, 10 juillet, 19 juillet, 21 juillet, 29 septembre, 19 octobre, 23 octobre, 20 décembre, 29 décembre, 30 décembre, réalisées par Guillaume Plisson.

20 mars, 14 septembre, 12 octobre, réalisées par le marin pêcheur Didier Perron.

Christophe Le Potier, assistant de Philip Plisson depuis 10 ans, est l'auteur, à ses côtés, des photographies des pages : 1er janvier, 9 septembre, 3 octobre, 9 octobre, 22 octobre, 29 octobre, 11 décembre, 12 décembre, 19 décembre.

Vous retrouverez les images de Philip et Guillaume Plisson sur le site www.plisson.com
Contact : philip@plisson.com

Mise en page : Bruno Morini/Ami-Images
Choix des textes : Nicole Cimadoré
Coordination éditoriale : Anne-Claire Meffre

Achevé d'imprimer en novembre 2007
sur les presses de l'imprimerie Mondadori à Vérone
Dépôt légal : octobre 2007
ISBN : 978-2-7324-3596-1
Imprimé en Italie